ВЕСЁЛАЯ КОМПАНИЯ

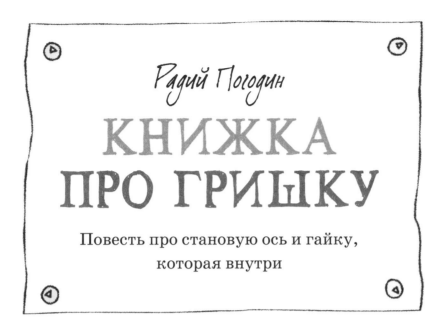

Радий Погодин

КНИЖКА ПРО ГРИШКУ

Повесть про становую ось и гайку,
которая внутри

Художник *Наталья Демидова*

Москва
«Махаон»
2013

УДК 821.161.1-31-93
ББК 84(2Рос=рус)6
      П43

Погодин Р. П.

П43   Книжка про Гришку: Повесть / Худож. Н. Демидова. – М.: Махаон, Азбука-Аттикус, 2013. – 176 с.: ил. – (Весёлая компания).

      ISBN 978-5-389-03659-8

В повести Радия Погодина рассказывается о худеньком и застенчивом мальчике Гришке, которому нет ещё и шести лет, о его мировосприятии и нравственном становлении. Это история о пути ребёнка к пониманию смысла жизни и человеческого счастья. Реалистичные события в книге переплетаются со сказочным вымыслом: герой встречается с воробьём Аполлоном Мухоловом, обучающим его летать, с карасём Трифоном, раскрывающим ему свои мудрые мысли, с конём Трактором, знающим дорогу в «Весеннюю землю», с козлом-хулиганом Розенкранцем и другими. Среди размышлений о серьёзном всегда находится место для шутки, поэтому повесть читается легко, на одном дыхании.

УДК 821.161.1-31-93
ББК 84(2Рос=Рус)6

ISBN 978-5-389-03659-8

В чём душа

Гришка был довольно высокий для своего возраста, но очень тощий, как если бы написать его имя заглавными буквами в столбик:

Г
Р
И
Г
О
Р
И
Й

В детском саду, куда Гришка ходил развиваться, были ребята помладше, повзрослее, повыше, пониже, но второго такого тощего не было.

Всякий раз, когда намечалась комиссия, заведующая детским садом Лариса Валентиновна извинялась перед Гришкой и отправляла его к себе домой в однокомнатную квартиру, где Гришка мог беседовать с трёхцветной кошкой Семирамидой.

– Семирамида, – спрашивал Гришка, – неужели всё дело в толщине?

Семирамида зевала, тёрлась щекой о Гришкину ладонь.

«Глупый. Ты своим поразительно тощим видом снижаешь процент упитанности всех детей. Оставайся жить с нами. Лариса целый день на работе. Мыши на четырнадцатый этаж не заходят. Мне скучно. От скуки образуются морщины и близорукость».

Когда Гришка гулял самостоятельно возле своего дома, пожилые женщины-соседки, глядя на него, сокрушались:

— Какой худенький мальчик!

— В чём душа.

Гришка в таких случаях как бы катился с горки — и не за что уцепиться: горка сплошь ледяная. А когда скатывался, соседки представлялись ему замечательными птицами совами. Гришка подходил к ним и объяснял застенчиво:

— Души вовсе нет. А если у кого случается, то она никогда не бывает толстой.

— Какой славный! — говорили замечательные птицы совы, щёлкая золотыми клювами.

Прямодушные ровесники, завидев Гришку, кричали: «Кощей! Паганель! Дядя Стёпа!» — что, как вы сами понимаете, свидетельствует о большой начитанности наших ребят.

Один сосредоточенный мальчик в круглых очках назвал Гришку сушёным Геркулесом.

Гришка на такое не обижался потому, утверждали ровесники, что никакая обида, даже самая маленькая, в Гришкином тощем теле разместиться не может.

Злые болотные комары

Mама печалилась. В большом расстройстве наблюдая Гришкину худобу, мама кормила его усиленной пищей, гематогеном, витаминами и говорила:

– Мечтает! У всех дети едят, а у меня – мечтает. Сережа, посмотри, какие у него глаза, как будто ему ничего не нужно.

Папа с мамой не соглашался.

– Были бы кости – мясо нарастёт, – говорил папа. – Главное – становая ось. Это меня тревожит... Пошлём его к дяде Феде.

– Согласна, – тихо соглашалась мама. Голос её тут же слабел. Она произносила: – Но...

...там он научится курить,

...у него появится дурной стиль в разговоре,

...ноги и руки обрастут цыпками,

...волосы выцветут,

...там комары! Сережа, вспомни, сколько там комаров! – Мамины глаза золотились последней надеждой. – Злые болотные комары! Серёжа, Григорий у нас и без того малокровный.

– Ты согласна, что становая ось важнее? – спрашивал папа в упор.

– Согласна, конечно... – Мама понятия не имела, что это – становая ось. Мама желала, чтобы Гришка вырос счастливым, талантливым, честным, целеустремлённым, добрым, отважным, великодушным, деликатным и справедливым. Становая ось ассоциировалась у мамы с понятием грубой силы.

А её любимый сын Гришка жевал сосиску и думал о комарах: откуда у таких малых прозрачных существ берётся возможность так быстро летать и так больно жалить? Наверно, от гордости. А может, от силы воли...

Зовите меня Аполлоном

Гришка уже с утра проживал у дяди Феди в красивой новгородской деревне Коржи.

Дядя Федя ему сразу понравился. Он был не толстый, не тощий. Рыжая борода с проседью летела впереди него обрывком уже отшумевшей бури.

Дядя Федя направо шёл – левое из внимания не упускал. Налево шёл – правое имел в виду. Когда шагал вперёд, глаза его смотрели во все стороны сразу, а иногда так косили и выпирали, словно им приспичило повидаться друг с другом.

Гришка отметил между папой и дядей Федей некое сходство, хоть дядя Федя и не прямой родственник, а папа – без бороды.

Папа уехал, сказав на прощание:

– Позабудь свои печали. Голову не задирай. По сторонам гляди. Под ноги вперяйся. В этой местности всякого чуда много. – И легонько щёлкнул Гришку по затылку, такие у него были ласки.

Теперь, пообедав, дядя Федя и Гришка сидели на лавке возле окна, читали газеты. Гришка наткнулся на длинное слово «пе-ре-ре-кон-струк-ци-я». И удивился.

— Красивое слово, — сказал он. — Только длинное очень и ничего для моих мыслей не значит. А вот, например, буква «щи» — одна, а уже можно кушать.

Мимо Гришкиного уха прозвенела оса. И смолкла. И кто-то сказал:

— К вашему сведению, в щах две буквы.

Гришка уловил в неизвестном голосе грустное превосходство слабого существа, глянул в окно и увидел — на ветке калины сидит воробей, осу в лапе держит, словно конфету в полосатом фантике.

– Привет, Мухолов, – сказал дядя Федя. – Читал новости? В Индии проливные ливни. В Тамбове заморозки. В Ленинграде переименовали ещё одну улицу. Ко мне внук приехал, Григорий.

Воробей проглотил осу, покрутил головой, словно у него давил воротник.

– Григорий, – сказал он, – зовите меня Аполлоном.

Гришка кивнул согласно. Дядя Федя газету смял.

– Аполлон! Это же безумно красивый бог. А ты? Где твоя красота? Где твои золотые перья? Ты ведь стреляный воробей?

– Неоднократно стрелянный.

– Ты стреляный. Я стреляный. – Дядя Федя разделся до трусов, как на медицинском осмотре, показал шрамы, украшавшие его тело. Круглые, продольные, серповидные. – Вот сколько ран! ещё сколько ушибов, вывихов и ожогов. Но ведь я не говорю: называйте меня товарищ Гуляев, хотя мы с ним и похожи. Ты же, Мухолов, образованный, мог бы вести себя поскромнее.

– Товарищ Гуляев – лицо историческое, – ответил воробей со сдержанной вежливостью, но торопливо. – Аполлон – лицо мифологическое, покровитель всех тяготеющих к славе. Такие выражения, как «безумная красота», не в вашем, простите, характере. И вообще – была бы душа хорошая.

– Не части, – сказал дядя Федя, – собьёшься... А ты, Гришка, ступай прогуляйся... Дыши глубже.

Не нужно так напрягаться

Дядя Федя категорически спрятал Гришкины сандалии в чулане – на плохую погоду.
Гришка босиком пошёл.

Дорога обволокла его ноги тёплой пылью. Пела вокруг него не вдруг различимая жизнь травы. И гулкое небо было приподнято над землёй высоко-высоко, словно и нет его – только привычка к голубому цвету над головой.

Гришка на речку пошёл.

На берегу, на пригорке, сидела незнакомая девочка Лиза в розовом платье. Показалось Гришке, будто она горюет. Гришка сел рядышком.

– Горюешь?

Девочка Лиза глаз от речки не отвела.

– Я, когда на речку смотрю, не люблю разговаривать, – сказала она. – А ты когда разговаривать не любишь?

– Я разговаривать не люблю, когда в небо смотрю. Там самолёты, – ответил Гришка таким голосом, от которого всякая грусть проходит.

Лизин нос приподнялся.

– Не в самолётах счастье...

Гришка вопрос себе задал: что такое счастье и было ли оно у него? Он перебрал в уме множество всяких прошедших

радостей, восторгов, удовольствий и поделился с Лизой самыми, на его взгляд, замечательными. Девочка Лиза, которая ещё не знала, в чём счастье, но уже понимала, в чём счастья нет, воскликнула: «Какие пустяки!» — и задрала нос ещё выше. Гришка застеснялся и домой пошёл.

Девочка Лиза ничего не сказала о Гришкиной худобе. Это Гришка отметил.

На крыльце воробей вертелся, примеряя красивые позы.

— Аполлон, — спросил Гришка, — в чём ваше счастье?

Аполлон Мухолов ответил:

— В полёте!

И полетел. Быстро-быстро.

А когда вернулся и снова уселся на перила крыльца, повторил торжественно:

— Счастье в полёте.

— Может быть, — согласился Гришка. — Полёт — птичье дело.

— Увы, некоторые птицы тоже сути не понимают, просто перемещаются в воздухе в поисках корма. — Аполлон Мухолов вздохнул, перья на груди почистил, хвостом потряс и оглядел Гришку королевским взглядом. — Мне кажется, вы могли бы. У вас это есть.

— Что? — спросил Гришка.

— Желание славы. Нужно ярко представить себе, какой вы замечательный, необыкновенный ребёнок, потянуться и устремиться...

Гришка тут же полез на кривую берёзу, которая росла неподалёку от дяди Фединого дома и на которую было нетрудно залезть.

— С берёзы нельзя! Вы с неё упадёте без опыта. Только с земли!

Отыскав небольшой бугорок, Аполлон Мухолов позвал Гришку и скомандовал важно:

– Приготовились!

Гришка представил, какой он замечательный и ни с кем не сравнимый. Но поскольку замечательной была в нём только его худоба, – по крайней мере, только об этом он знал, – он ещё больше утончился и вытянулся. Если бы теперь написать его имя в столбик заглавными буквами, то следовало бы прибавить в конце три восклицательных знака:

Г
Р
И
Г
О
Р
И
Й
!
!
!

– Пошёл! – крикнул Аполлон Мухолов. – Больше гордости! Больше гордости! Тянитесь и устремляйтесь.

Гришка потянулся и устремился – и не заметил, что пальцы его босых ног перестали касаться земли.

Он летел низко. Шею сводило, глаза выпучились. Не вздохнуть.

– Свободнее! – поучал воробей. – Больше самоуверенности!

Гриша чуть не заплакал. От этого полёта, кроме неловкости и непосильного напряжения, он ничего не почувствовал, наверное, потому, что никогда не думал о счастье, просто жил как живётся.

Было стыдно. В висках стучало. В ушах звенело.

Сквозь эти болезненные ощущения услыхал Гришка испуганный Аполлонов голос:

— Спасайтесь!

Стал Гришка на землю и оказался перед мальчишкой — очень крепким и очень насупленным. В руках у мальчишки рогатка, в зубах — соломинка жёваная. Отдышавшись немного, Гришка сказал:

— Тяжело летать, неловко. И всё-таки удивительно.

— Кто летает, кто на голове ходит, кто как выпячивается. Ничего удивительного. — Мальчишка прищурил глаза, похожие на отточенное железо, перекусил соломинку жёваную и выплюнул. — Я своё ненужное удивление променял на серьёзное дело. Твоему дядя Феде. Я ему удивление — он мне удар без промаха. У каждого своё счастье.

— Бессовестная ложь! — закричал Аполлон Мухолов откуда-то со стороны. — Не бывает злодейского счастья. Злодейская удача бывает, а также злодейские хищные радости. Но злодейского счастья не может быть никогда. Григорий, обратите внимание, перед вами злодей, Пестряков Валерий.

Пестряков Валерий растянул рогатку от плеча до плеча.

— Глупый ты, Аполлошка. Удар без промаха в широком смысле. Я теперь отличником буду, чемпионом по боксу, гроссмейстером. А выучусь — командиром, как товарищ Гуляев. — Пестряков Валерий улыбнулся сильной улыбкой. — Не понимает взаимной выгоды Аполлошка. А ещё образованный. Я с этой осени в первый класс пойду. Он бы мне в форточку по учёбе подсказывал, я бы ему за это муравьиных яиц, льняного семени, гречневой каши — дружба! Святой союз! Как говорится, за добро добром.

— Демагогия! — суетливо выкрикнул образованный воробей.

Пестряков Валерий, не целясь, попал из рогатки в ромашку, прямо в жёлтую сердцевину.

— Аполлошка, быть тебе без хвоста.

Гришка хотел сказать: «Это нехорошо. Птиц нужно беречь и охранять!» – но заробел. И услыхал зов:

– Григорий, сейчас же явись. Пулей лети!

Гришка приподнялся на цыпочки и полетел, оглохший от напряжения.

Чем порадуешь?

— От скромности я не умру, — заявил дядя Федя. — Я умру от ран!

— Ваши раны уже давно зажили.

— Я умру от свежей раны, которую ты мне нанёс! Скажи, пожалуйста, кто тебя учит летать?

— Аполлон.

— Вот она, рана! Тебя учит полёту самовлюблённый болтун Аполлошка. Что он тебе наболтал?

— Счастье — это полёт.

Дядя Федя засопел возмущённо.

— Глупости. Счастье — дело тяжёлое.

Вдруг дядя Федя исчез, но тут же появился возле колодца.

— Я, по-твоему, вывороченное дерево? Замшелая коряжина? — Дядя Федя снова исчез и возник у сарая. — Меня ты списал со счетов? Учишься полёту гордому. Но сумеешь ли ты перейти речку вброд?

— Переплыть можно...

— Если камни и бурный поток? Пахнет илом и порохом. Ты идёшь, а тебя опрокидывает, швыряет на камни темением. — Дядя Федя всё это изобразил в движениях, напоследок сделал сальто-мортале и сказал отдуваясь: – Главное тут – не хрустеть.

И тогда послышался голос:

– Федька, тебе, что ли, делать нечего в твоём возрасте?

Калитку отворил пожилой человек в белой шляпе, с жёлтым кожаным чемоданом в руке.

– Пашка! – обрадовался дядя Федя. – А я удивляюсь, чего это ты не едешь. Я уже заскучал, тебя ожидая. – Дядя Федя ринулся к своему гостю.

Они принялись обниматься. Шляпа у гостя сползла на глаза. Незрячий, он наткнулся на Гришку.

– Это Григорий, он у меня внук, – объяснил дядя Федя.

– Какой ещё внук? У тебя и детей никогда не было... Федька, сознавайся: ты от меня что-то скрыл.

– Как детей не было? Серёжку помнишь? У нас в отряде был сын полка. – Дядя Федя приподнял Гришкину голову за подбородок. – Полюбуйся, это сын нашего сына полка Серёжки. Значит, он внук полка. А полк в данную минуту кто?

– Мы с тобой полк, – ответил гость, удивляясь. – Выходит, мы с тобой, Федька, деды.

Они стали плечом к плечу, старые седые солдаты, и спросили:

– Внук, внук, чем нас порадуешь?

Гришка от волнения носом шумнул – что Гришка сказать мог в ответ? А ничего пока.

– Обсыхай быстрее, – велел ему дядя Федя. – Пашка – мой лучший старинный друг. Мы с ним Гражданскую вместе прошли, на заводе вместе работали, в Отечественную войну в отряде партизанского командира товарища Гуляева тоже вместе сражались. Пашка теперь академик. Академики не то что мы, моряки, – они на пенсию не уходят. Не стесняйся, называй его дядя Павел... Пашка, пойдём чай пить с дороги.

– Караси есть? – спросил академик Пашка.

– Вот такие, как поросята, – ответил его товарищ, заслуженный пенсионер Федька.

– Васька не появлялся?

– Эх, Васька, Васька... – Дядя Федя повёл своего старинного друга в избу, ласково подталкивая и приговаривая: – Седой ты как лунь, но крепкий...

Гришка хотел с ними пойти чай пить, но передумал: товарищам, которые давно не видались, наедине поговорить нужно, у них вопросов друг к другу много.

Гришка в деревню пошёл. Туда, где строится новый кирпичный дом с газом. Посмотреть, на сколько он за день вырос.

Чтоб без обиды

Возле дома сидели на брёвнах двое дошкольников – Пестряков Валерий и девочка Лиза в розовом платье. Оба постарше Гришки, оба собираются нынешней осенью в первый класс. Больше никого возле нового дома не было – вечер уже, строители отдыхать отправились.

Пестряков Валерий и девочка Лиза сидели рядом, но друг перед другом гордые. Гришка понял: у них спор происходит, кто в первом классе будет отличником.

– Я, – говорила девочка Лиза.

– Это ещё посмотрим, – говорил Пестряков Валерий.

Они молча говорили, только одним своим видом. А вид у девочки Лизы был такой, словно её поставили на трибуну и показывают всему народу – вот наша лучшая ученица, потрясающая отличница Лиза.

Чтобы не мешать им, Гришка сзади зашёл. Сел потихоньку за их спинами. Сидит Гришка, любуется новым домом. Дом уже на четыре этажа вырос.

– Давай сказки рассказывать. У кого лучше, – сказала вдруг девочка Лиза. Не выдержала молчаливого спора.

Пестряков Валерий поднялся, руку вперёд вынес.

– Давай. – И объявил: – Бой на Калиновом мосту!

— Нет, — отклонила девочка Лиза. — Это сказка уже давно сочинённая. Ты свою сочини.

— Ладно, — согласился Пестряков Валерий. — Но смотри, Лизка, если моя сказка твою победит, чтоб без обиды. Я тебя знаю. Начинай первая.

Девочка Лиза, вздыхая на разные лады и поджимая губы в нужных местах, рассказала сказку следующего содержания:

Сказка про солнечного зайчика

Однажды вечером, когда солнце садилось и уже остался гореть над землёй только самый краешек, оторвался от него солнечный зайчик – не захотел возвращаться домой.

Решил солнечный зайчик: «Поживу-ка я на земле. Побуду в этом красивом доме, вот как в нём чисто и всё в цветах». Прилепился солнечный зайчик на занавеску и сидит себе. Солнце совсем скрылось за лесом. Солнечный зайчик с занавески на люстру перепрыгнул. С люстры на вазу – развлекается один.

В этой комнате девочка была больная, с температурой.

«Ночь уже, а солнечный зайчик всё скачет, как странно», – удивилась девочка, лёжа в постели.

Девочка смотрела, смотрела на солнечного зайчика и уснула. И зайчику стало скучно. Вдруг стало ему холодно. Он на печку прилепился, а печка летом не топленная. На букет прыгнул – цветы тоже холодные, третьего дня срезанные. Скакал солнечный зайчик, скакал – сила у него уже на исходе. На потолок прыгнул. Подумал: «Может, с потолка солнышко увижу», – да не удержался на потолке и упал. Прямо девочке на щёку. А девочка ведь больная была, жар у неё был высокий. Согрелся солнечный зайчик на девочкиной щеке и уснул.

Утром солнышко встало. Озабоченное очень. Думает солнышко: «Наверно, пропал озорной солнечный зайчик, остыл и помер». Глядь, а он вот где, на щеке у больной девочки. Бросились к солнечному зайчику быстрые солнечные лучи. Подхватили его, подбросили, шевелят-теребят. Нашёлся! Как выжил?

А девочка повернулась на другой бок, вздохнула сладко и проснулась здоровая.

Ты свою расскажи

– Ерундовая сказка, – сказал Пестряков Валерий. – Ты зачем больную девочку сочинила?

– Для переживания. Ясно же... – Девочка Лиза тихонько всхлипнула.

– И не хлюпай. Тебе бы только похлюпать.

Девочка Лиза сделала губы шнурочком.

– Ты свою расскажи. Посмотрим, какая будет твоя.

– Я ещё не придумал до конца.

– Ну и не критикуй. Гораздо легче чужую сказку разругать, чем свою придумать.

– Ну, Лизка, если ты так вопрос ставишь... – Пестряков Валерий залез на самое верхнее бревно, откашлялся суровым кашлем, руку вперёд вынес и рассказал сказку следующего содержания:

Сказка про королей

Четыре чёрных короля сказали хором: «Раз!»
Четыре чёрных короля сказали хором: «Два!»
Четыре чёрных короля сказали хором: «Три!»
Бум! Бац! Трах! Бах! Вперёд! Ура-а!.. Коли!
Четыре чёрных короля все разом померли.
И ноги кверху...

Чего молчишь?

— Хорошая сказка... Таинственная, — прошептал Гришка. Девочка Лиза к нему повернулась.

— А ты помолчи. Как ты здесь очутился?.. Это не сказка вовсе, а пустое Валеркино бахвальство. Ты, что ли, королей победил? — спросила она у Пестрякова Валерия. — Увидел бы короля, небось дал бы дёру.

— Плохо ты меня знаешь, — возразил Пестряков Валерий. — Во-первых, моя сказка со смыслом. А во-вторых, пусть теперь Гришка рассказывает. Может, у него лучше всех получится.

— Ну-ну... — произнесла девочка Лиза добреньким голосом, не ожидая от чужих сказок ничего путного. — Рассказывай, Гришка.

Гришка задумался. Собрал все наличные мысли в центр головы — ничего сказочного, одна быль. Гришка вопрос себе задал случайный: «Куда уходят трамваи, когда свернут за угол?»

Представил трамвай посреди сосновой поляны. Внутрь вагонов залетают шмели и пчёлы, запрыгивают кузнечики и лягушата. А на месте водителя в солнечном тепле спит трёхцветная кошка Семирамида...

Девочка Лиза спросила нетерпеливо:

– Чего молчишь?

– Я не молчу. У меня быль придумывается.

– Тогда и не сиди с нами, – сказала девочка Лиза.

Но Пестряков Валерий её пресёк:

– А ты не командуй. Он младше, нужно ему срок дать больше. До завтрашнего утра.

«Жили, живут и будут...»

Гришка по деревне грустно шагал, думал, как сочинить сказку. «Наверно, я совсем бестолковый. Неспособный, наверно. Ох, тяжело...»

От таких размышлений Гришку отвлекли овцы. Принялся Гришка помогать некоторым нерасторопным хозяевам загонять по дворам овец, которые идти домой не желают, всякий раз упираются и норовят убежать.

Потом помог выгружать хлеб из автофургона в магазин. Хлеб был чудесного аромата.

Потом послушал музыку из транзистора, который стоял на коленях у девушки Тани, и сказал:

— Мне нужно к завтрашнему дню сказку придумать про жили-были.

Девушка Таня глянула на него, словно он дым, который глаза щиплет, помигала и вздохнула.

— Закат нынче такой неяркий, ничего замечательного на завтрашний день не сулит.

Гришка с Таней мысленно не согласился — закат, по его мнению, был золотой. И ещё он подумал: «Зачем жили-были? Нужно сказку так начинать: «Жили, живут и будут...»

Потому что не сахар

Дядя Федя и дядя Павел сидели в большой комнате, пили чай из самовара.

– Григорий, – сказал дядя Федя, – садись немедленно пить чай индийский. Пашка из Индии привёз – наивысший сорт. Но сиди тихо, не встревай в наши воспоминания.

Гришка налил себе чаю. Принялся было сказку придумывать такую: чай индийский на дяди-Федином огороде самостоятельно произрастает в виде пальмы. Листья у пальмы разные: одни чайные, другие из серебряной бумаги, чтобы в неё чай индийский заворачивать.

Но дядя Федя и дядя Павел так громко грустили, смеялись и пели и так часто повторяли со вздохом: «Эх, Васька, Васька...» – что сказка дальше пальмы не продвигалась. Правда, придумался полосатый кот Васька, который сидел на пальме, пел песню «Не плачь, девчонка, пройдут дожди...» и мастерил себе из серебряной бумаги крылья для полёта.

Чтобы не мешать взрослым, Гришка отнёс свой стакан на кухню. Бросил в него кусок сахара-рафинада, ложечкой поболтал. Сахар развалился на большие куски, потом распался на мелкие крошки, потом и вовсе растаял, пустив по воде как бы прозрачный дым. Гришка ещё положил. Другой кусок тоже растаял.

«Интересно, – подумал Гришка. – Сахар тает, потому что не крепкий. А если поболтать в стакане гайку?»

«Какую гайку?» – спросилось в его голове.

«А вот эту».

Гайка лежала возле сахарницы. Небольшая, железная, совсем новая.

Гришка бросил её в стакан.

Крутится гайка, в стеклянные стенки тюкает, но не тает.

«Наверно, я недолго кручу, – думает Гришка. – Гайка крепкая, не сахар. Нужно её крутить подольше».

Гришка сел поудобнее, вздохнул несколько раз поглубже, чтобы сон прогнать, и принялся без устали крутить ложкой в стакане. Сам думает: «Может быть, сочинить сказку про девочку Лизу? Собирает Лиза по утрам росу с одуванчиков, потому у неё такие волосы лёгкие. Уж это, наверное, сказка...»

– Крутишь? – услышал Гришка вопрос с подковыркой.

– Кручу. – Гришка поднял глаза от стакана и увидел: стоит возле печки гражданин с чемоданом, то ли усталый очень, то ли больной. Щёки выбриты наспех – в глубоких морщинах будто пепел скопился. Волос у гражданина на голове мало, но не то чтобы лысый.

– Не признал? – спросил гражданин. И сам ответил печально: – Не признал... Раньше я на них смахивал, на Пашку и на Федьку.

– Точно, – сказал Гришка, раскрыл глаза до ломоты в висках, чтобы сон прогнать окончательно. – Есть отдалённое сходство. А вот дядя Павел и дядя Федя очень похожи.

– Именно, – кивнул гражданин. – Они же товарищи – не разлей вода. Они отчего похожи? От сходства мыслей и интересов, а также от верной дружбы.

– А вы? – спросил Гришка.

– Я – дядя Вася. Ихний бывший приятель. – Дядя Вася поставил чемодан на пол, поёжился и погрел руки, подув на них, словно на дворе дождь и холод, а не тёплый летний вечер.

– Что с вами? – спросил Гришка. – Болеете? – Это он вслух спросил, а про себя подумал: «Может быть, сочинить сказку, в которой Пестряков Валерий победит все болезни...»

– Отболел уже, – сказал дядя Вася. – Продрог я. На открытой попутке ехал. Ветер в лицо, сам понимаешь. Теперь грущу и тоскую. Пашка – он не тоскует. Федька – тот вообще оптимист. А я грущу и тоскую. Мерихлюндия у меня хроническая – от прошлой весёлой жизни на разговор тянет.

Гришка из деликатности про мерихлюндию расспрашивать постеснялся.

Разлука ты, разлука

Дядя Вася прошмыгнул от печки к столу. Некоторое время скромно сидел, нагрузив на ладонь печальную голову. Потом развалился, задрал ногу на ногу.

— «Разлука ты-ы, разлука — чужая сторона...» — запел он и объяснил: — Всё у меня от неё, от гайки. Не подкручивал. Разболталась она и упала где-то на путях-дорогах.

— Как не подкручивали? — спросил Гришка. — А дядя Павел, а дядя Федя?

— Эти подкручивали... Окаянная гайка. Она, брат, внутри. Бывало, есть хочется. Сидишь, как крокодил в дистиллированной воде. Ничего в голову не идёт. Одни грёзы о колбасе розовой, огурчиках пупырчатых. Севрюга, зелёными листочками разукрашенная, проплывает мимо с громкой усмешкой. И шпроты недоступные, как скифское золото... Пашка подкрутит гайку свою потуже — и за учебники. Федька тоже подкрутит — и каким-нибудь делом займётся. Чувство долга у них. А мне на такое — тьфу! Я никому не должен. Отсёк, и всё тут... И чего я сюда приехал? И зачем меня понесло?

— «Мы конная Будённого, и про нас... — запели в комнате. Звук дошёл через дощатую перегородку приглушённо, но чисто: — ...былинники речистые ведут рассказ...»

Дядя Вася прыгнул от стола к печке, на шесток взгромоздился и как бы усох от дыхания углей.

— Не говори, что я тут, если выйдут, — попросил он, спрятавшись за чугунок с картошкой.

Когда песня в комнате кончилась, дядя Вася высунулся из-за чугунка, перемазанный в саже.

— Ишь глотки дерут. За столько-то лет не научились другие песни играть. — Дядя Вася на стол прыгнул, уселся на край, обхватив одно колено руками. — Что человеку нужно после яростного конного боя? Весёлый звук гармошки, сытный борщ и богатырский сон с приятными сновидениями. А они? Гайки свои подкрутят: один носом в книжку зароется, другой возьмётся сёдла чинить или в разведку пойдёт добровольно.

— Какая же у них гайка? — вопрос Гришка задал.

Дядя Вася показал пальцем на стакан.

— Очень похожая на вот эту. А ты крути, крути. Может, ты её растворишь и в окно выплеснешь, чтобы она пропала... Тает? — спросил он с надеждой.

— Сахар тает, — сказал Гришка. — Может, и гайка распустится. Правда, гайка — она покрепче.

«Когда б имел златые горы...»

В комнате за перегородкой пошёл разговор о поражениях и о победах. О стройках, разрухах и новых стройках. Дядя Вася хотел было опять в печку прятаться, за чугун с картошкой, но, поколебавшись, пересилил себя, сплюнул через всю кухню на уголья и затянул:

— «Когда б имел златые горы и реки, полные вина...» Эх, любил я весело пожить! Гришка, Гришка, плюнь на эту гайку. Выплесни её в окошко. Пусть её дожди источат.

За перегородкой выделился густой голос академика дяди Павла:

— Эх, Васька, Васька...

Дядя Вася хихикнул каверзно.

— Эх, Пашка, Пашка, умный, да? Да у тебя мозгов — как у комара в хвосте, хоть ты и академик. — Это он тихо сказал, как бы любуясь собой. И пояснил: — На заводе работали мы втроём, на «Серпе и молоте». Горячий цех. Известное дело — металлургия. Наломаешься за день, как веник в парной, ополоснёшь лицо — и на отдых в кинематограф. Семечки в зале лузгаешь. «Бонбоны» кушаешь в фантиках. С барышнями рассуждаешь обо всём красивом. Мороженое «Крем-инжир» полизываешь для прохлады. А он свою гайку подкрутит и опять учится. Рабфак закончил. Потом ещё какую-то

высшую науку прошёл. И всё мало... Федька – тот проще. Приходит в общежитие однажды, с лица весь суровый. «Достаточно, говорит, баста! Не лежит моя душа к металлургии – перемен просит. Записался я, братцы, в морской гражданский флот. Буду голубые дороги осваивать под красным советским флагом». Пашка на него посмотрел, кивнул одобрительно: мол, по тебе работа, валяй. И у меня спрашивает: «Ну а ты, Вася? Выбрал бы ты, Вася, себе профессию по интересу». Я отвечаю как есть: «Мне – тьфу! У меня интерес капитальный. Были бы гроши да харчи хороши. От добра добра не ищут». – Дядя Вася задумался, наливаясь дымчатым цветом с синими разводами. Посмотрел на Гришку и обиду выразил: – Всё крутишь? Тоже хорош гусь.

– Кручу, – кивнул Гришка.

– Крути, крути. Может, рука отвалится... А мне каково? Я, что ли, не человек? Говорят, в малолетстве я талантливый был, посильнее Пашки... – Дядя Вася сморщился, сократился в размерах. Подобрал ноги по-турецки и заплакал, роняя зелёные слёзы в сахарницу. – Ну что человеку нужно? Выучился. Сам живи – и мне дай весело пожить. Так нет. «Вася, учись, Вася, учись...» А я? Может, я запах школы терпеть не могу. У меня от него сыпь. Пашка – наговаривать не буду, не в моём это характере, но скажу: псих он законченный. Даже в партизанском отряде товарища Гуляева всё считал что-то и в блокноте чертил. Твоего отца, Серёжку, арифметикой мучил. Я говорю: «Чего ты парнишку долбишь? Какое у него счастливое детство? Может быть, завтра в бой – и аллилуйя. Пусть хоть на отдыхе поживёт беззаботно».

– Эх, Васька, Васька, – вздохнул в комнате дядя Федя.

– А что Васька? – пробурчал дядя Вася. – Васька вам соли на хвост насыпал? – Дядя Вася уронил ещё две слезинки в сахарницу. – Правду сказать, как воин в партизанском отряде товарища Гуляева Федька больше выигрывал и отличался. Федька умел возникать внезапно и так же

мгновенно исчезать. Владел ударом без промаха и тишиной. Бывало, пройдёт – веткой не хрустнет, траву не примнёт. А я?.. «Их бин шпацирен нах трактирен...» – запел дядя Вася и добавил, то ли засмеявшись, то ли кашляя: – Любил я весело пожить. Ничего не скажу, скажу одно – любил... А ты крути, крути... Ух, я бы вас! Жизнь вы мне искалечили.

– А я кручу, – сказал Гришка. Глянул в стакан, а гайки в стакане нет – растворилась. И дяди Васи нет, только зелёное пятно возле сахарницы.

Утро за окном – как вселенский петух. Глядит на землю сверкающим глазом. Раздувает шею для крика:

«Эй, поднимайтесь – пора! Люди и звери! Сони-лежебоки! Радуйтесь!»

В дверях стоят дядя Федя и его товарищ дядя Павел. Наверное, спать не ложились, наверное, всё смеялись, и песни пели, и горько вздыхали, вспоминая свою трудную жизнь и товарищей, которых война унесла раньше срока.

– Мы сейчас часочек вздремнём и пойдём карасей ловить, – сказал дядя Федя. – А ты сходи к соседке, бабке Наташе, принеси молока и позавтракай.

Гришка кивнул и заметил: академик дядя Павел пристально смотрит в его стакан, в котором гайка растаяла.

– Что у тебя в стакане? – спросил академик.

– Пустой чай, остывший, – ответил за Гришку дядя Федя.

– А ты приглядись.

Дядя Федя очки надел.

– Гайка, – сказал он. – С сахаром.

– Сахар в этом напитке не главное, – уточнил академик. – Пей, Гришка.

Дядя Федя забеспокоился.

– Не вредно ли для юного организма? Он, разумеется, парень толковый, но у него ещё становая ось слабая – летать его, понимаешь, тянет.

– Ничего... Потихоньку пей. Потом за молоком сбегаешь. Молоко в твоём возрасте тоже не вредно, а также яйцо всмятку и овсяная каша.

Крыльцо у вас вкривь и вкось

Гришка уже с молоком возвращался, глядь – перед ним девочка Лиза в розовом платье и Пестряков Валерий с рогаткой.

– Придумал сказку? – спросила девочка Лиза и, заглянув Гришке в глаза, воскликнула радостно: – Не придумал! Я ж говорила!

Гриша обиду почувствовал. Сказал:

– Некогда было. Я гайку проглатывал.

И девочка Лиза, и Пестряков Валерий враз поперхнулись. Девочка Лиза – от испуга. Пестряков Валерий – от технического интереса.

– Такой ты и есть, – сказала девочка Лиза. – Вы со своим дядей Федей газеты читаете, гайки проглатываете, а крыльцо у вас вкривь и вкось...

Гришка хотел вспылить: мол, Лизка, я тебя за такие слова сейчас по затылку тресну – не тронь моего дядю Федю! Даже замахнулся. Но вдруг внутри у него шевельнулось что-то. Гришка сообразил: «Гайка!»

Подтянул её мысленно и ничего грубого Лизе не ответил, Лиза, естественно, удивилась. А Пестряков Валерий спросил с обострённым техническим интересом:

– Ты как гайку глотал, в сыром виде или как?

— Растворил с настоящим индийским чаем.

Девочка Лиза нос вздёрнула, фыркнула и заявила:

— Врёт. Ясное дело. Где ты настоящий индийский чай взял? У нас в магазине только грузинский и краснодарский.

— А вот взял, — сказал Гришка. — У дяди Феди на огороде чайная пальма растёт.

Девочка Лиза нос ещё выше вздёрнула.

— Мы не на враньё договаривались — на сказку.

— «Легко на сердце от песни весёлой...» — запел кто-то печальным голосом.

Гришка обернулся — сидит на бревне дядя Вася с гармонью. В чемодане у него, оказывается, гармонь была.

Весь дяди-Васин понурый вид говорил о таком одиночестве, о такой отчаянной тоске, что ребята, позабыв свои споры, схватились за руки и тесно прижались друг к другу.

— Что, — сказал дядя Вася, — боитесь?

Ребята стали ещё теснее. Гришка над ними — как тонкая камышина.

— Дядя Федя и дядя Павел ждут вас. Всю ночь прождали. А вы в отдалении на гармони играете.

Дядя Вася позеленел.

— Ясно. Проглотил проклятую гайку.

— Они собираются за карасями идти, — сказал Пестряков Валерий. — У нас караси вот такие, как поросята. Мы ещё немножко поспорим и тоже за карасями пойдём, может быть...

Дядя Вася глаза закрыл, головой покачал, потом уложил гармонь в чемодан и пошёл было к дому, чтобы, как в детстве, отправиться за карасями, — пошёл было, но вдруг свернул — помчался в другое место.

Крутёж-вертёж

— Не придумал! — засмеялась Лиза. — Я говорила!
— Опять за своё, — сказал Пестряков Валерий.
А Гришка насупился, обвёл окрестности долгим взглядом и уставился Лизе в глаза. Так уставился, что Лиза на шаг отступила.

— Есть четыре страны, — медленно начал Гришка и тут же сообразил: сказку сочинять всё же удобнее не со слова «есть», а со слова «было». — Было четыре страны. Грустная страна. Злая страна. Весёлая страна. Добрая страна.

Грустная страна была потому грустная, что на неё весёлые напали и разграбили с песнями. Весёлая страна была потому весёлая, что награбленную добычу делят, объедаются, пляшут и хохочут. Злая страна была потому злая, что куют мечи, чтобы выступить в бой против весельчаков-хохотунов. Добрая страна была потому добрая, что говорили такую мудрость: «Зачем вы, злые, себя утруждаете? Зачем оружие мастерите? Вас не затронули — и сидите спокойно. От добра добра не ищут».

Но злые добрых не послушались. Выступили в поход против весёлой страны. А когда пришли к ним, их уже нет. Они уже на добрых напали и грабят. Объедаются, пляшут и хохочут. Любили они весело пожить. Побежали злые в добрую

44

страну. Похватали весельчаков-хохотунов. Высекли их публично. А когда замахивались, то и добрым попадало.

– Глупая сказка, – сказала Лиза, не помедлив ни секунды. – Зачем же добрым попало? Нужно было весёлых наказать, награбленное добро отобрать и на эти деньги построить балетную школу. А у тебя что? Крутёж-вертёж. Добрые – злые. Злые – добрые. Почему у тебя злые – добрые? – Лизин нос остренько клюнул небо, губы тугим шнурочком сплелись.

Пестряков Валерий стоял, вдаль глядел, рогатку растягивал – тренировался в прицеле.

– Моя сказка, конечно, самая лучшая, но и Гришкина не хуже, – наконец сказал он. – Ты, Лизка, нос не задирай и не обижайся. Твоя сказка только для переживания, Гришкина – для думания. Сейчас я на стадион пойду, дачников в футбол обыграю, потом стану думать о твоём вредоносном характере. Пришла пора, как я погляжу. – Пестряков Валерий пошёл на стадион обыгрывать дачников, а также думать над сложными вопросами жизни. Девочка Лиза направилась к своему дому обижаться и презирать мальчишек, сидя на скамейке в палисаднике среди цветов. А Гришка так загордился, что грудь раздул, подпрыгнул и полетел.

Он попал в хвост

Гришка летел повыше вчерашнего. Но с большим трудом. Устал быстро. Пролетая над канавой, молоко расплескал. И всё же, когда опустился на крыльцо, крикнул:

— Очень прекрасно!

— С чего это вы такой гордый? — спросил Аполлон Мухолов. Именно он сидел на калине и выглядел плохо.

— Как с чего? Я сказку сочинил. Хотите, вам расскажу?

— Не желаю слушать. А если всерьёз, то мне с вами и разговаривать нет охоты.

— Почему? — удивился Гришка.

— Кто меня бросил в беде?

Гришка стал вспоминать, когда же такое случилось.

— Вы имеете в виду нашу встречу с Пестряковым Валерием? — спросил он. — Но вы же сами слышали — меня позвал дядя Федя.

— У него своя голова. У вас своя... — нервно чирикнул Аполлон Мухолов. — Вы оставили меня под прицелом.

У Гришки похолодело сердце.

— Он в вас попал?

— К счастью, он попал в хвост. Я на минутку потерял бдительность, показал хвост из-за ветки.

Гришка пригляделся и увидел, что Аполлон Мухолов трясёт не всем хвостом, а только его половиной – второй половины хвоста у него не было.

– Я поговорю с Пестряковым Валерием! – воскликнул Гришка. – Я его пристыжу.

– Он вас побьёт. Он коварный и хладнокровный.

– Ничего. Я не струшу.

На крыльцо вышел академик дядя Павел.

– Дядя Вася не прибегал? – спросил Гришка.

– Куда там... Мыкается где-нибудь. – Академик провёл по Гришкиной щеке жёсткими пальцами. – Думается, ты озабочен чем-то.

– Озабочен, – признался Гришка. – Аполлон Мухолов потерял половину хвоста. Как быть? – Гришка рассказал весь конфликт по порядку.

– Не сможешь ли ты позвать Пестрякова? – попросил дядя Павел. – Я ему в глаза загляну.

Пропустите меня к воротам

За деревней, на коровьем лужке, ворота футбольные. Школьники и взрослые деревенские парни играют в футбол, когда время есть. Летом у местных мальчишек и взрослых парней времени на футбол не бывает. Играют малыши и дачники всех возрастов. И мужчины и женщины – для развлечения.

Пестряков Валерий в воротах стоял. На руках – перчатки кожаные, взрослые. На голове – лохматая кепка с разорванным козырьком, взрослая. Колени бинтом перевязаны широким.

Пожилой, мягкотелый от сидячей работы дачник и молодая девушка Таня пытались забить Пестрякову Валерию гол. Танин транзистор стоял в сторонке.

– Забьём! – горячась, заявляли они.

– Никак нет, – говорил Пестряков Валерий. Он звучно хватал мячи. Головой отбивал, грудью, коленями и локтями.

– Феномен! – кричал пожилой дачник.

– Яшин! – удивлялась девушка Таня.

С боку ворот стояли другие шумные дачники. У каждого по собаке. Собаки лаяли и скулили. Собакам хотелось прокусить мяч. Танин транзистор давал спортивную музыку. Потому первые Гришкины слова никто не услышал.

– Извините! – громко повторил Гришка. – Пропустите меня к воротам, у меня к Пестрякову Валерию срочное дело.

Пестряков как раз мяч поймал и сейчас перекатывался по земле через голову для спортивного шика.

– Не лезь! Не лезь! – закричал он. – Не заслоняй ворота. Я сговорился подряд сто мячей поймать. Этот восьмидесятый.

– Пестряков Валерий, ты очень нужен академику Павлу Степановичу Спицыну, – сказал Гришка твёрдо. – Он тебя немедленно ждёт.

– Спицын? – спросил пожилой дачник. – Квазипространственный транспорт?

– Ага. Нетрясучий, – подтвердил Гришка.

– Ждёт? – удивилась девушка Таня.

– Немедленно ждёт, – подтвердил Гришка.

– Пестрякова? – спросили прочие шумные зрители.

– Кого же ему ещё ждать? Только меня, – ответил Пестряков Валерий хладнокровно. – У него ко мне срочное дело... Извините, остальные двадцать мячей я после обеда поймаю.

На пушку берёте

Академик Павел Степанович Спицын сидел на крыльце, смотрел на солнце незаслонёнными глазами и не мигая...

– Ох, – говорил он. – Согревает...

Гришка вознамерился тоже глянуть на солнце не заслоняясь.

– Заслонитесь! – крикнул ему Аполлон Мухолов. – Разве вы не улавливаете, что между словами «солнце» и «заслониться» существует опасная связь? Между прочим, слово «слоняться» означает бродяжничать, идти за солнцем.

Пестряков Валерий метнул на воробья взгляд цвета отточенного железа и пробормотал как бы для себя, но чтобы все слышали:

– Ну Аполлошка, ну выкаблучивается! Перед товарищем академиком образованность свою выпячивает.

Академик дядя Павел усмехнулся и вдруг приказал:

– Открой глаза! Шире!

Пестряков Валерий то ли от неожиданности, то ли от силы академикова голоса распахнул глаза на всю ширь.

– Светится! – прошептал академик.

На крыльцо выскочил дядя Федя.

– Что светится?

– У него в глазах ум светится!

– Загибаете, – возразил Пестряков. – На пушку берёте.

Академик дядя Павел рывком посадил его на крыльцо.

– Пестряков, – сказал он. – На берёзе сидело N зайцев. Сначала улетела одна часть зайцев, потом улетела другая часть, равная первой. Осталась на берёзе третья часть зайцев, равная второй. Сколько осталось зайцев на берёзе?

– Вы как спрашиваете, как в натуре или в условном смысле?

– И так отвечай, и так, и с точки зрения психологии.

– В натуре зайцы не летают, они скакать должны. В условном смысле осталось N зайцев, делённое на три.

– А с точки зрения психологии? – спросил академик.

Пестряков Валерий засопел от усиленной работы мысли.

– Ага! Вы хотели сказать, что мне Аполлошкины подсказки не понадобятся – я сам всё решу?

– Именно, – кивнул академик.

– А кому я стану муравьиные яйца носить, льняное семя и гречневую кашу?

– Ему.

– А он мне что?

– Ничего.

– За ничего я не буду, – пробурчал Пестряков Валерий. – За добро надо платить добром. А если я ему хвост отбил, я могу компенсировать.

Гришка сидел на нижней ступеньке крыльца, жевал сосновую кислую щепку и думал: «Что же такое ум?»

Гришкина мама иногда говорила отцу с застенчивой надеждой:

«Мне кажется, он растёт умным мальчиком».

«Поживём – увидим», – отвечал отец.

– Что такое ум? – спросил Гришка, оглядев всех подряд: дядю Павла, дядю Федю, Аполлона Мухолова и Пестрякова Валерия.

Пестряков Валерий ответил сразу:

– Ум – это удар без промаха в самом широком смысле... Я теперь в Аполлошку стрелять не стану. Я его умом пересилю.

Образованный воробей Аполлон Мухолов, выскочив на карниз, стремительно муху поймал.

– Если правильный глагол от слова «ум» будет «уметь», то ум – значит умение.

Заслуженный пенсионер дядя Федя вздохнул:

– Ум – это мечта живая...

Академик дядя Павел почесал затылок.

– Всё, вместе взятое, и кое-что ещё, – сказал он и добавил легкомысленным тоном: – Слышишь, Федька, не пора ли за карасями идти?

Ты кого упустил?

Карасей ловят таким приёмом. К двум еловым шестам, которые валяются возле Решета (так называется маленькое, заросшее кувшинками озеро), привязывают старую дяди-Федину сеть, штопаную-перештопаную. По нижнему краю сети – грузила из обожжённой глины, по верхнему – поплавки из бересты. Ясно, что при такой конструкции сеть в воде не перепутается, но пойдёт стенкой. Рыболовы в горячем споре угадают заветное место с жирным илом, где лежат беззаботные караси. Огородят карасиное лежбище сетью с трёх сторон, оставив ворота. Затем неслышно наедут лодкой поближе к воротам и вдруг возьмутся шестами ил ворошить, вёслами воду баламутить. Короче, устраивают шум, гам и коловращение. Караси, спасаясь от этого безобразия, бегут, как стадо от грозы, и прямо в сеть.

Может быть, в других местах карасей ловят иначе, но здесь, в деревне Коржи, на маленьком озере с несерьёзным названием Решето, их ловят исключительно таким способом. Правда, некоторые дачники, у которых пустого времени много, ловят карасей удочкой на булку. Карась даже на булку с изюмом клюёт в малом числе и мелкий – кошке на раз облизнуться. А чтобы на компанию поджарить, удочкой не наловишь.

– Ух, миляги! Ух, крепыши! – шумел дядя Федя. Они с дядей Павлом сеть выбирали.

– Чушки! Колобашки! – восклицал дядя Павел.

Милиционер товарищ Дудыкин в это время обретался в соседней деревне, а если бы и рядом был, то без внимания. Караси из Решета-озера у него за серьёзную рыбу не шли, поскольку все лупоглазые. К тому же, если учесть, две трети добычи ловцы обязаны были сдать в колхозную столовую для приготовления фирменного блюда «Карась, запечённый по-новгородски».

Гришка хватал из сетки тяжёленьких бронзовых карасей, бросал их в лодку. Всё думал: есть ли у него ум? Получалось – отсутствие. Ударом без промаха в широком смысле Гришка пока не владел. Мечтаний у него было много; он и сейчас мечтал, что не на маленьком озере Решете карасей ловит, а в Атлантическом океане, но мечты живой, чтобы одна и на долгое время, у него не было. Умения тоже недоставало. Правда, научился Гришка при дяде Феде варить картошку – и в мундире, и очищенную. Может быть, имеется у него то самое «кое-что ещё», что ко всему высказанному вприбавку? Над этим вопросом Гришка задумался – сам в руках карася держит большого, тяжёлого, словно из потемневшей старинной бронзы. Показалось Гришке, что карась сказал: «То самое кое-что ещё у тебя, Гришка, имеется, а остальное придёт потихоньку». От неожиданности Гришка пальцы разжал – карась тёмно-бронзовый упал в воду. Показалось Гришке, что шепнул карась ему доброе слово из тёмной воды на прощание.

– Ах ты, Гришка! – зашумел дядя Федя. – Ты кого упустил, размечтавшись?

– Карася, – сказал Гришка.

– Ты Трифона упустил! Я же своими глазами видел. Это был Трифон. Сам!

– Да ну? – огорчился дядя Павел. – Неужели сам? Тогда рыбалке конец. Если Трифона упустить, он всех карасей уведёт. Закопаются караси в ил – и хоть с аквалангами шарь по дну, ни единого не найдёшь.

– Может быть, хватит уже, – сказал Гришка. – А во-вторых, может быть, это не Трифон.

– Пожалуй, и верно, не Трифон, – сказал дядя Павел. – Трифон, пожалуй, побольше будет и потемнее.

– Именно Трифон! – настаивал дядя Федя.

Они сговорились ещё раз сетку поставить для окончательного разрешения спора. Гришку на берег высадили с упрёками и укорами, чтобы в другой раз Трифона не упускал.

«Как же не упускать, – думал Гришка, – его всегда упускать нужно».

Неизвестный за спиной

— Сколько сметаны пойдёт, если вы ещё карасей налови-те! – крикнул расстроенный Гришка.

Только он это крикнул, как почувствовал, что сзади взял его кто-то за подол майки – наверное, майка из трусов выбилась – и потянул.

– Стоять! – сказал этот кто-то. – Не оборачиваться. Я сейчас вашу майку съем... Какая всё же невкусная майка. Впрочем, мне ещё вкусных не попадалось.

– Зачем же вы их едите, если они такие? – спросил Гришка.

– Не знаю. Характер у меня отвратительный... Не оборачи-ваться! Не то я просто не ручаюсь, что будет.

– Как же вы съедите майку, если она на мне? – спросил Гришка.

– Действительно, как? – Тот, кто стоял за спиной, заду-мался, это было очевидным по его задумчивому сопению. Потом он приказал гнусавым хулиганским голосом, даже с обидой: – Снимайте майку через голову. Живо!

Гришка подумал: «Умный, кто стоит за спиной, или нет?»

Пока думал, майку снял, для чего ему пришлось при-сесть, поскольку тот, кто стоял за спиной, не выпускал по-дол майки изо рта.

Когда Гришка майку снял, бросил её за спину и обернулся. И отступил на два шага из страха, а также для удобства дальнейших действий.

Тот, кто стоял за спиной, оказался козлом. Майка зацепилась за рога лямками, натянулась, залепила ему глаза и часть носа.

– Сколько я уже маек съел, но такой отвратительной не попадалось, – брюзжал козёл. И заорал вдруг: – Я от неё ослеп! Это безобразие вообще! Какие майки теперь выпускают слепящие! А мальчишки, которые эти майки носят, заслуживают выволочки и взбучки.

На Гришкин взгляд, козёл не был старым, но выглядел плохо. Шерсть свалялась, слиплась сосульками. В бороде репейные шишки. Один бок в зелёную вертикальную полоску, другой – цвета столовского выплеснутого борща.

– Выпустите майку изо рта, – посоветовал Гришка. – Она вам на рога наделась.

– Не выпущу, – сказал козёл.

– Но вы же сами видите...

– Не вижу...

– Но... – Гришка не успел сказать дальше, поскольку козёл, пригнув рога, ринулся на него.

Вы теперь наверху

Гришка бежать. Козёл – за ним. Гришка – во весь дух. Козёл – с ещё большей скоростью. Гришка догадался бежать зигзагами. Козёл по этой причине промахивался, проскакивал, налетал на посторонних прохожих.

На задумчивого парня-дачника наскочил, прямо под коленки его ударил. Парень упал козлу на спину.

– Пардон, – сказал козёл и заорал: – Чую! Этот мальчишка-стервец справа! – И бросился вправо, Гришку догонять.

В автобус попал, из которого выходил приезжий народ. Прямо в дверь. Прямо в чей-то чемодан лбом.

– Пардон, – сказал и заорал: – Чую! Этот мальчишка слева! – И, распугав народ, бросился Гришке вдогон.

На забор налетел. На кадушку, что стояла на табуретке. Уже совсем Гришку догнал, а до дома рукой подать. Гришка подпрыгнул, зацепился руками за ветку кривой берёзы и ноги поджал.

Козёл боднул пустое пространство под Гришкой. Спросил с удовольствием:

– Вы что, провалились? Шею сломали?

В безопасности Гришка слегка отошёл. «В открытый бой мне с козлом вступать невозможно, он сильнее меня и рогами вооружён. Но и бояться его нет нужды» – так Гришка подумал и посмотрел на козла смелым взглядом сверху вниз.

– Молчите? – сказал козёл. – Испугались? Ух, до чего мне приятно, когда меня боятся! Ух, до чего хорошо!

– Я вас не испугался, – заявил Гришка. – Вернее, сначала испугался, а теперь не боюсь.

– Чую, – сказал козёл. – Вы наверху. На дерево влезли. Чего же вы на дерево влезли, если не испугались?

– Я наверху по другой причине.

Козёл засмеялся неприятным смехом.

– Скажите, пожалуйста, по какой же?

– Я не хочу, чтобы вы упрекали себя в том, что незаслуженно обидели человека, да ещё такого, который намного слабее вас.

– Заслуженно не обижают, – сказал козёл. – Заслуженно наказывают. Сильных тоже обижают редко. Сильный сдачи даст... Хотя, если я пива выпью да рассержусь... Ух, тогда я отважный. Даже участкового милиционера товарища Дудыкина могу обидеть... Сейчас я на крышу залезу и с крыши на вас брошусь.

Козёл вспрыгнул на крышу маленького сарайчика. Перелез на крышу большого сарая. С крыши большого сарая – на крышу дома. Гришка не стал дожидаться, пока козёл развернётся, нацелится по запаху и вниз прянет.

Извините за беспокойство

Дядя Федя и дядя Павел сидели у печки, чистили карасей. Они, пока Гришка от козла по деревне бегал, домой возвратились.

– Кто был прав? – спрашивал дядя Федя.

– Ты, Федор. Но ничего. Трифона всё равно жарить нельзя.

– И не нужно ни в коем случае, – пробурчал дядя Федя.

Огонь в печке прижался к поду, затем вспучился и вытолкнул в комнату клубок горького дыма. В трубе засмеялся кто-то и закричал:

– Трифона только мариновать! Эх, любил я Трифонов маринованных...

Показалось Гришке – голос знакомый.

Дядя Федя и дядя Павел вскочили. Дядя Федя ответил в печку, отчего борода его опалилась:

– Не раз уже Трифона мариновали. А он всё живой. И не дастся!

В трубе зашумел смех. По крыше топот пошёл.

– Сокрушу! Ух, у меня характер. Ну, Гришка, попался!

А Гришка в избе сидел.

Дядя Федя и дядя Павел посмотрели на него удивлённо.

– Объясни, пожалуйста, что происходит, – потребовал дядя Федя. Но его вопрос был заглушен звуком падения

тел, треском забора, грохотом корыта, к забору прислонённого, лязгом ведёрной дужки, а также воплем:

— Ух, набезображу! Где этот, которого я боднул?

В окне показался козёл. Ногами на подоконник влез.

— А, голубчики. Чую. Это вы собираетесь Трифона, моего друга любезного, жарить и мариновать? Я у вас всё тут раскокаю. Отдышусь только.

— Неужели раскокаешь? — спокойно спросил дядя Федя.

— Непременно раскокаю, — подтвердил козёл мерзким голосом. Он даже попытался в окно пролезть и, возможно, пролез бы.

Но тут в открытую дверь вошёл участковый милиционер товарищ Дудыкин, отдал честь и сказал:

— Извините, товарищи бывшие партизаны, я пришёл пригласить вас, чтобы вы рассказали нашему личному составу о геройских делах партизанского отряда товарища Гуляева... А это, простите, кто? — Милиционер товарищ Дудыкин взял со стола ножницы и обстриг майку, которая зацепилась козлу за рога.

Козёл её тут же сжевал. Нахально заявил, что ещё ни разу в жизни не встречалась ему такая невкусная майка, и, промигавшись, уставился на участкового милиционера.

— А-а... — сказал он, осознав, кого видит перед собой. Здравствуйте, дорогой товарищ Дудыкин. — Потом перевёл глаза на дядю Федю и дядю Павла. — Пардон! У меня же глаза занавешены были. Карасиков чистите?.. Трифона не видали?.. Извините за беспокойство, пойду с Трифоном побеседую. Один он меня жалеет.

Улыбнитесь мне в ответ

— Отойдя от дяди-Фединого дома на порядочное расстояние, козёл Розенкранц сказал:

– Ну их всех, надоело! – И тут же подумал: «Кого же я на крыше боднул? По тяжести веса – не Гришку».

Козёл прозывался именно так – Розенкранц. Прилепил ему эту кличку художник-живописец Мартиросян. Художник был наполовину армянин, наполовину русский. Хоть из этого обстоятельства и не следует ничего особенного, но художник Мартиросян очень любил деревню Коржи. Жил тут подолгу, а в Ереван ездил один раз в два года – проведать свою старую тётушку Карине.

– Эх! – сказал козёл. – Кого бы пихнуть?

Солнце раздражало козла. Тёплый ветер раздражал козла. Свободная суетливая жизнь кур, клюющих по всей деревне, раздражала козла. Курицы были развязные. Никому из животных дорогу не уступали, людей, проходивших мимо, клевали в ногу. Даже с пути автомобилей коржевские курицы сбегали с большой неохотой и ленью. Они могли зайти в любой дом, если он был незаперт, и наследить на чистой скатерти, и свергнуть на пол горшок с геранью...

– Жалкие подражатели, – выразился козёл, глядя на кур. – Ни полёта от них, ни голоса – одна курятина...

А этого мальчишку Гришку я сначала в грязи вываляю, потом с мостика в речку столкну. Пусть помнит козла Розенкранца. Над поварихой Марьей Игнатьевной я бы тоже какое-нибудь озорство учинил. Не будет меня борщом обливать...

Козёл Розенкранц поскакал к столовой. Там, как войдёшь, прямо в сенях прилавок. За прилавком пиво в бочках, привезённое из города Боровичи. В сенях исключительная теснота и толчея. Приезжие, а также местные люди, получив пиво, спешат на крыльцо, на воздух.

В жару все пиво пьют, кроме детей, шофёров и самых старых старушек. Все сдувают пену и сладко крякают, предвкушая утоление жажды. Дети, шофёры и самые старые старушки пьют квас и фруктовую воду.

Но вот один шофёр, парень в цветочной рубахе, который надеялся провести в Коржах смазку и профилактику, вышел на крыльцо с пивом.

— Угостите, — сказал ему козёл Розенкранц.

— Перебьётесь. Проваливайте! — сказал парень.

— Вы у нас в первый раз?

Парень ответил неопределённо.

— Я на ваших колёсах покрышки проковыряю, — объяснил козёл. — Так сказать, для знакомства.

— Видал я таких ковыряльщиков! — Парень раздвинул плечи, дав этим понять нечто, как он полагал, для любого козла вразумительное.

Тут вышел другой шофёр, молодого шофёра приятель.

— Не связывайся, — сказал. — Это же Розенкранц. Все его угощают — связываться не хотят. На, Розенкранц, пей.

— Спасибо. У вас квас. — А молодому шофёру в цветочной рубахе козёл намекнул: — Плечи у вас раздвигаются, как баян. Ну и что? Даже на раздвижных плечах не поедешь. Улыбнитесь мне в ответ — вашим покрышкам крышка. — И пошёл, развязно насвистывая.

Чего же смеяться

Пошёл козёл Розенкранц обдумывать свой предстоящий хулиганский поступок. Залез под старую телегу возле кузницы, заросшей крапивой и лопухами, поскольку кузница была бездействующая. Остался в ней от бывшей горячей работы лишь слой земли, чёрной от угля и окалины, разрушенный горн да устойчивый кузнечный запах.

«Посплю, – подумал козёл. – Сначала подремлю одним, потом подремлю другим глазом, чтобы всё-таки видеть происходящее».

Собаки бегают. Куры бегают. Кошка по забору крадётся, воробья Аполлона Мухолова схватить хочет. Аполлошка, стреляный воробей, улетел. Дети бегают. Дачники ходят. Некоторые с собаками. Колхозники на открытой машине поехали работать.

Захотелось козлу Розенкранцу работать.

«Чего это я не работаю? – подумал он. – Если бы работал, я бы, может, бригадиром сделался. Или бы в армию меня взяли. Если бы в армию козлов брали, я бы командиром сделался. Ходил бы впереди войска... Только шиш – не берут козлов в армию».

Пригорюнился козёл и задремал сразу на оба глаза. Проснулся, словно его за хвост дёрнули. Глядь – возле крапивы Гришка стоит. Такой тощий, что даже тени от него нет.

«Вот ведь худенький мальчик, – подумал козёл Розенкранц. – Его и боднуть нельзя – не прицелишься. Беда, его даже комары не кусают – промахиваются. Может, не нужно его в грязи валять? – Эта мысль показалась козлу недостойной. – Ну уж! Я уж своё возьму!» – решил он и закипел сердцем.

– Здравствуйте, – сказал козёл Розенкранц, вылезая из-под телеги. – Мы уже виделись, но, как говорят, вежливым словом ещё никто себе язык не натёр. Чего это вы в крапиву уставились?

– А смеяться не станете?

– Чего же смеяться. Я же не такой весёлый, чтобы хохотать почём зря.

Гришка посмотрел на козла добрым взглядом.

– Знаете, мне показалось, что в крапиве человечки живут. Такие зелёненькие – крапивные люди. Когда я подошёл, они

все в крапиву попрятались... Видите, видите, тени мелькают. И шорох. Это они глубже прячутся.

— А как же. Кислопуты. Озорные ребятишки. — Козёл подмигнул, и голос его словно обвалился, стал, как будто из ямы, тихим и таинственным. — А вы, Гришка, в кузницу заглянуть не хотите? Там чёрные человечки живут — углепуты. Я с ними в дружбе. Что их трогать — таких малышей. Очень забавные — все как один.

— Они тоже попрячутся, — сказал Гришка неуверенно.

— Сначала попрячутся. А потом я им свистну. Вылезут. Вас они бояться не станут. Вон вы какой худенький... Но симпатичный.

«Странные слова — худенький, симпатичный — пустые. Ничего в человеке не объясняют».

Гришка опечалился, вспомнил детский сад, доброжелательных пожилых соседок и ленинградских начитанных ребятишек.

— А углепуты дразниться не будут?

— Ни в коем случае. Они деликатные. Заходите.

Твоя правда в супе

В кузнице черно. На чёрных балках паутина чёрная. В углах мусор чёрный и железо ржавое. Горн развалился. И запах. Такой запах снится детям во сне, когда они видят войну, потому что настоящего запаха войны сегодняшние дети не знают.

– Страшно? – спросил козёл Розенкранц. В его голосе послышалось нечто такое, от чего Гришка почувствовал себя неуверенно.

Гришка обернулся и увидел: стоит козёл в дверях, рога опустил и смеётся беззвучно.

– Где же углепуты? – спросил Гришка.

– Они в пятом углу. Сейчас вы этот угол искать начнёте на четвереньках. – Козёл ещё ниже рога опустил. – Надеюсь, понятно? Сейчас я вам за вашу ужасную майку отомщу. И за то, что вы меня опозорили перед милиционером товарищем Дудыкиным. И за то, что ваш дядя Федя меня не уважает. А этот ваш академик смотрел на меня с насмешкой.

– Вы нечестный.

– Конечно, нечестный. Я вам ещё тогда объяснял – характер у меня отвратительный. И хватит! Принимайтесь искать пятый угол... Ну, потеха! Улыбнитесь мне в ответ.

Гришка быстро по сторонам глянул. Не выскочишь. Оконце маленькое, хотя и без стёкол. Других дыр нет.

— Не буду я пятый угол искать, — сказал он.

— Не будете? Потом будете. А сейчас ловите мух!

Такой поворот дела Гришку озадачил.

— Ну, ловите! — повторил козёл, двинув Гришку рогами.

— Нельзя же так больно!

Козёл засмеялся:

— Можно. Ещё больнее можно. Ну!

Острые рога коснулись Гришкиного живота. Гришке стало так жалко себя, так не захотелось в чёрной пыли валяться, отыскивая пятый угол, тем более он чистую майку надел.

— Пожалуйста, — сказал Гришка тихо. — Сейчас поймаю, если вам так хочется.

Гришка увидел муху — сидела она на стене возле окна, — сложил ладонь корытцем и прицелился её ловить.

— Эту нельзя. — Козёл фыркнул с деланым недоумением. — Вы же культурный. Видите, она отдыхает. Ловите вон ту, летящую. Ну!

— А вон ту можно? — спросил Гришка.

— И ту нельзя. Она по делу идёт. У неё детки. Говорю, ту ловите, которая под потолком жужжит.

Гришка стал на цыпочки, хотел подпрыгнуть за мухой, но не смог. Не оторвались ноги от земли. И тут почувствовал Гришка в животе, там, где только что был страх, что-то твёрдое и строгое. Вспомнил — гайка! Подтянул Гришка гайку мысленно и сказал:

— Хватит! Не буду я вам ни мух ловить, ни пятый угол искать.

— Ах, не будете? Тогда кукарекайте. — Козёл отошёл для разбега, чтобы, если Гришка не закукарекает, боднуть его изо всей силы. — Кукарекайте! Ну!

Гришка глаза пальцами распахнул и так их держал, чтобы встретить удар не зажмуриваясь.

И вдруг раздался в кузнице чистый петушиный крик.

Козёл радостно почесал ухо левой задней ногой.

– Закукарекали! Испугались!

– Чего же пугаться, – ответил козлу петушиный голос, – у нас, петухов, дело такое.

Глянул Гришка – на окне петух стоит, красивый, словно заря сквозь лесные ветви.

– А ты чего тут?! – закричал козёл Розенкранц. – Погоди, я и с тобой разберусь. Чего кричишь?

– Время для крика пришло, – сказал петух. – Может, кто в лесу заблудился. Услышит мой крик – и всё, и спасён. А ты не таращись. Ишь ты... Я петух! А петушиного крика, если бы ты побольше читал, даже черти боятся. Где петух, там и правда.

– Твоя правда в супе!

– Тоже правда, – сказал петух. – Кого в войну первым губят? Петуха. И нет в войне петушиного крика. А как мир настаёт, снова петух кричит. Правда там, где мир и согласие.

– Я вот тебе покажу мир и согласие! – Козёл разогнался от двери, прыгнул петуха боднуть, даже голову вывернул, чтобы рогами оконную притолоку не задеть. Проскочил головой в окно и застрял, обратно никак – рога не пускают.

Петух под окном ходит, поигрывает голосом – тренируется.

«Пора мне домой идти, – подумал Гришка. – Чего мне тут теперь делать?» Пошёл Гришка мимо козла бесстрашно. Козёл задними ногами еле-еле землю достаёт, но норовит Гришку лягнуть. И хрипит:

– Уходишь, да? Уходи. Предатель. Друга бросаешь в беде, меня то есть.

– Улыбнитесь мне в ответ, – сказал Гришка козлу и пошёл себе.

В дверях Гришка остановился, оглядел кузницу на прощание. Показалось ему, что из углов, где свалено ржавое железо, выглядывают маленькие чёрные углепуты. Может быть, когда Гришка уйдёт, они старый горн раздуют, станут для своей углепутской жизни ковать железо. Им ведь тоже инструмент нужен: топоры, пилы и стамески. А может быть, и оружие. Кто знает, какая у них забота. Может, мир, а может быть, начались раздоры.

Я вам не ковшик

Пытаясь освободить рога, козёл кричал капризным голосом:

– Я вас всех победю!

Гришка его поправил:

– Побежду.

– Одержу победу, – разъяснил им петух.

– А ты молчал бы, будильник пернатый. – Козёл задёргался и, пританцовывая, запел: – «Цыплёнок жареный, цыплёнок пареный...» – Язык прикусил и выругался обиженно: – Тьфу ты, детдомовец инкубаторский.

– Я бы мог вам помочь, – сказал Гришка. – Но ведь вы определённо станете драться, всех обижать и оскорблять.

– Стану, – сказал козёл Розенкранц.

Гришка мог мысленно подвинтить гайку, чтобы не жалеть козла и уйти, насвистывая, но что-то ему помешало.

– Хотите, я устрою так, что один человек победит вас в честном бою. Один мой знакомый товарищ. И тогда вы перестанете приставать к другим.

Козёл Розенкранц кашлянул хулиганским кашлем.

– Знаем мы такого товарища – милиционер товарищ Дудыкин.

– Нет, – сказал Гришка.

Козёл представил себе дядю Федю, художника-живописца Мартиросяна, парня-шофёра в цветочной рубахе...

— Конечно, если у некоторых плечи раздвижные. И если некоторые умеют всякие фокусы вытворять, как ваш дядя Федя.

— Нет, — сказал Гришка. — Этот человек небольшой, чуть постарше меня. Он осенью в первый класс пойдёт.

Козёл сплюнул себе на бороду. Полез передними ногами по стенке кузницы, чтобы освободить горло для смеха.

— Не смешите. Мне смеяться нельзя в моём бедственном положении. Я первоклашек не то что за людей — за грибы не считаю. Я у них, если хотите знать, тетрадки с арифметикой ем. И завтраки отнимаю. Мамаши им в школу вкусные пирожки дают. Первоклашка-букашка! Толстопузики! — Козёл смеялся и дрыгался, хоть ему было очень неловко и неудобно.

— Тем более, — сказал Гришка. — Соглашайтесь... Мой знакомый товарищ вас победит — и вы успокоитесь.

— Согласен! — закричал козёл со смехом. — Договорились. Давайте лапу.

Петух неодобрительно посмотрел на Гришку.

— Вы не сплоховали? — спросил он.

— Нет. Я уверен на сто процентов. Мне необходимо товарища предупредить. Он сейчас очень скучает.

Петух и Гришка пошли. Петух — по своим делам. Гришка — по договору.

— А я что, висеть буду? — крикнул козёл. — Я вам не ковшик!

— Я вас выручу чуть погодя, — пообещал Гришка. — Пока так побудьте.

— Вы меня выручите? Ну и ну! Да у вас силы не хватит меня поднять. Вы же тощий. В чём душа! Хворостина. Недоедыш! Сухофрукт!

Гришка ничего не ответил. С козлом разговаривать — нервы тратить. Ты ему слово, он тебе пять, и все грубые.

Ты так вопрос ставишь?

Пестряков Валерий одиноко сидел в футбольных воротах. На лице скука, как нарисованный смех. Ни дачников вокруг, ни местных любителей. Мяч лежит на одиннадцатиметровой отметке. Круглый.

– Забей.

– Поймаешь.

– Я уже два часа сижу – жду: может, ударит кто. Может, забьёт.

Гришка ударил. Пестряков Валерий отбил мяч ногой, не вставая. Сказал:

– Садись у той штанги. Будем на расстоянии разговаривать. А если желаешь – весело помолчим.

Гришка сел рядом. Они помолчали в тишине, а когда намолчались, Пестряков Валерий заметил:

– Даже комары не кусают.

– И не жужжат, – сказал Гришка.

– Скучно, когда не кусают и не жужжат...

Тут Гришка поведал о разговоре с козлом, закончив рассказ такими словами:

– Нужно. Полезно для всех, а для козла Розенкранца в особенности.

Пестряков Валерий задумался.

– Ты так вопрос ставишь?

– Так, – сказал Гришка.

– Ну а раз нужно, то будет сделано. – Пестряков Валерий оживился, взял футбольный мяч под мышку и домой пошёл. – Завтра в десять, – сказал он. – Пускай не опаздывает. Здесь на стадионе при большом стечении народа – турнир.

На стадион налетели мошки. За мошками – птицы. С ними – шум всевозможных забот.

Может быть, ум?

— Всё в порядке, — сказал Гришка, подойдя к чёрной заброшенной кузнице. — Завтра честный бой при большом стечении народа — турнир.

— Ладно. Я его сильно толкать не буду. Раз пятнадцать по земле прокачу, раз десять через голову переверну. Ну а потом — куда следует напоследок. И вас бодну за содействие... Вызволяйте меня побыстрее.

Гришка нашёл несколько прокопчённых досок, два кирпича, ящик ломаный, старую крышку от старой бочки. Всё сложил у козла под ногами. Козёл на этот помост встал, появилась у него возможность головой вертеть. Козёл голову вбок вывернул, вытащил её из окна. Спрыгнул на землю и посмотрел на Гришку с некоторым удивлением.

— Смекалка у вас, прямо скажем...

— Может быть, ум? — спросил Гришка с надеждой.

— Ума нету. Иначе бы вы меня не просили с будущим первоклассником драться. Это же ваша глупость.

Первый раз прошёл козёл Розенкранц по улице, ни с кем не задираясь. Он шагал рядом с Гришкой, беседовал о погоде, даже покойной ночи ему пожелал.

Можно бы сразу перейти к турниру. Но...

Встретил Гришка девочку Лизу. Она от него отвернулась, оберегая свою обиду от добрых вопросов. Встретил девушку

Таню с транзистором. Транзистор давал эстрадную музыку, но Таня прислушивалась к чему-то неслышному для окружающих и загадочно улыбалась. Встретил парня Егора, приезжего, которого Розенкранц по ошибке боднул. Встретил машину открытую, на которой колхозники возвращались с покоса. Других людей повстречал. Всем сказал:

— Завтра на стадионе турнир — честный бой.

Гришка в дом вошёл. Дядя Федя и дядя Павел играли в шахматы.

— Ешь, — сказал дядя Федя. — Ужинай... Один гражданин во Франции в собственном подвале обнаружил яйца динозавров. С одной стороны, ему повезло. С другой — не очень. Он теперь всю жизнь будет куриц бранить за то, что они мелкое яйцо несут... Пашка, тебе шах королю.

Что было, то было

Следующий день настал рано. Курицы закричали под окном: «Сегодня турнир! Победит Розенкранц!» Овцы не желали идти на пастбище, толкались по улицам, забегали в чужие дворы. «Где-е-е-е?» – спрашивали они. Коровы говорили о своём. Лошади шли по улице молча. Лошади были в ночном: что нужно друг другу сказать – сказали и сейчас направлялись работать.

Гришка вскочил с раскладушки.

– Честный бой и победа для всех!

– Легковат Пестряков, – сказал дядя Павел за завтраком.

– Зато настойчив, – сказал дядя Федя.

На стадион они прибыли без десяти десять. Там была большая толчея дачников, собак, кошек, кур. Петухи, которые сами не прочь подраться, ходили по беговой дорожке, косо поглядывали друг на друга. Не было только колхозников. Время – сенокос, колхозникам не до зрелищ. Правда, некоторые престарелые старушки и старички пришли всё же. А также несколько проезжих шофёров.

Козёл Розенкранц для разминки бодал футбольные ворота. На одном роге у него красовалась соломенная шляпа женской модели с ленточкой. Он её для устрашения надел. Борода синяя – где только синьку нашёл. Один бок цвета

столовского выплеснутого борща как был, так и остался. На другом боку поперечные полосы стали чаще – Розенкранц ещё раз прислонился к свежеокрашенному забору.

– Люди! – восклицал Розенкранц. – И животные! Не опасайтесь! Я этого претендента в первоклассники шибко бодать не стану. Пободаю маленько, а потом Гришку-зачинщика бодну. Виданное ли дело, люди и уважаемые домашние животные, а также птицы и курицы, чтобы ещё даже не школьники, а просто вольные малыши верх брали над заслуженным в драках козлом?

Тут собаки и кошки, а также прочие зрители расступились. Куры закудахтали. Воробьи зачирикали.

На стадион вышел Пестряков. Молчаливый, в майке с буквой «В», что означало «Валерий», которую он сам пришил. В кепке козырьком и в новых ботинках. Трусы у Пестрякова Валерия были белые. В руках он держал красную тряпку.

Козёл Розенкранц подпрыгнул, как прыгают козлы и щенки, сразу на четырёх ногах. Потом сел и захохотал обидным и отвратительным смехом.

– Это и есть боец! Ха-ха! Пестряков Валерка!.. Люди и уважаемые домашние животные, я же ему сколько раз поддавал. И пряники у него отнимал, и конфеты. Ну охо-хо-хо. Ну хи-хихи. Тяжело мне от смеха... Ну я не могу – слабну...

– Что было, то было, – сказал Пестряков Валерий. – Но теперь хватит. Теперь я буду с тобой биться.

Пестряков Валерий встал в очерченный круг, вперился в козла сильным взглядом. Козёл Розенкранц, вихляясь и кашляя от смеха, отправился на своё место. Бой должен был начаться по взмаху Гришкиной руки.

Дачники присмирели. Пожилые старушки бросились было Пестрякова Валерия уговаривать, даже по затылку шлёпать, чтобы спасти его от беды, – так им казалось. Но Пестряков Валерий объяснил сурово:

– Если мы, будущие первоклассники, будем бояться козла, какие из нас моряки вырастут и пилоты? Какие из нас будут доктора и рабочие, а также колхозники?

Старики и старушки под его сильным взглядом смутились. А бабка Наташа, самая бойкая из старух, заявила:

– И то...

Только дядя Федя, дядя Павел и Гришка за Пестрякова Валерия не опасались. Хотя...

– Всё-таки легковат, – сказал дядя Павел.

– Излишне серьёзен, – сказал дядя Федя.

– Ничего, – сказал Гришка, – сдюжит. – Скомандовал: – Приготовились? – и взмахнул рукой.

Не нужно физически

Козёл Розенкранц побежал вперёд на лёгкой скорости с хохотком.

– Пестряков, поворачивайся ко мне спиной. Я тебя бодну в мягкое, на котором трусики.

Прицелился козёл Розенкранц бодать, а Пестряков Валерий даже с места не сошёл, только изогнулся ловко и дёрнул козла за бороду. А когда удивлённый козёл проскочил мимо, поскольку инерция при промахе действует в направлении движения, Пестряков Валерий его ещё и за хвост дёрнул. Развернулся козёл Розенкранц. Пестряков ему красной тряпкой машет.

– Зрители! – закричал козёл. – Что же это такое получается? – И, уже осердившись, полетел бодать изо всей силы.

Но Пестряков Валерий за один миг до соприкосновения с Розенкранцевыми рогами отшагнул в сторону и опять красной тряпкой дразнит.

– Ну, Валерка! Ну, Пестряков!.. Не будет тебе пардону...

Помчался козёл на Валерия. Из ноздрей пар.

Валерий подпрыгнул. Проскочил козёл под Валерием. Развернулся – и снова. Пригнул голову для удара. А Валерий опять подпрыгнул. Но и козёл не прост, остановился как вкопанный, задумал Пестрякова Валерия на рога поймать.

– Пестряков, не быть тебе отличником! Я тебя сейчас в детскую больницу определю. В нервную палату.

Но Пестряков Валерий, падая, ухватил козла за рога – сел ему на спину. Будто под ним не козёл Розенкранц, а козёл гимнастический.

Что тут было!

Скачет козёл, как необъезженный конь. На передние ноги встаёт, задними лягает. На задние встаёт – передними в воздух тычет. Головою трясёт. А Валерий вцепился, будто приклеился, не отрывается и не падает. Несётся козёл Розенкранц по кругу, то вдруг затормозит резко, то вбок прянет. Дачники заливаются. Собаки лают, кошки орут. Курицы кудахчут. Петухи кукарекают. Только пожилые старички и старушки молчат – всё ещё за Валерия опасаются. Шофёры проезжие от смеха мычат, как быки по весне. А парень-шофёр с раздвижными плечами смеяться уже не может.

– Теперь в самый раз спрыгивать и валить козла на бок, – говорит дядя Федя.

– Не сумеет. Физически подготовлен слабо, – говорит дядя Павел.

– А не нужно физически, – говорит Гришка. – Это будет победа духа. Недаром же вы Пестрякову Валерию отдали удар без промаха в самом широком смысле.

– Эх, – сказал дядя Федя. – Вот ведь Валерий. Вот ведь пострел. Вот ведь, смотри-ка ты... Не ожидал, что воспользуется.

На лугах так прекрасно

Козёл Розенкранц метался и прыгал с криком душевной боли. Брыкался, лягался и наконец упал посреди стадиона без сил и заплакал.

– Ах, какой стыд! – плакал он. – Застрелюсь! Голодом себя уморю! Как мне теперь жить после такого позора? Что наделали... Хулиганы...

Некоторые дачники стали козла успокаивать. Даже Пестрякову Валерию замечание сделали: мол, мог бы и не так окончательно побеждать. Мол, что теперь прикажете козлу делать с его раненой душой?

Гришка хотел дать разъяснения по существу вопроса, но тут на стадион взошёл председатель колхоза Николай Евдокимович Подковырин.

– Товарищи дачники, – сказал он, – вы приехали в наши прекрасные места отдыхать. Поэтому я призываю вас к активному отдыху, чтобы вы не слонялись и не скучали. Травы у нас нынче поспели на удивление высокие, сочные и густые. Колхозники с ног валятся – косят их. Ваш отдых и удовольствие я вижу в том, чтобы помочь это сено сгребать и свозить в стога.

Некоторые дачники согласились сразу.

– Где, – говорят, – грабли?.. Куда, – говорят, – идти?

Другие, которые козла жалели, заупрямились.

– Почему, – говорят, – мы? Мы, – говорят, – не двужильные. У нас нервы.

Председатель колхоза руку поднял.

– Мы никого не неволим. Мы просим. Запах лугов, аромат сена и ветер с реки поправят ваше здоровье. А нам будет польза. К тому же вы не бесплатно будете сено сгребать. Но наибольшее удовлетворение доставит вам ваша совесть, потому что она на такой работе окрепнет.

– Спокойнее! – сказал председатель, поскольку малосознательная часть дачников снова загалдела. – К вам сейчас обратятся приехавший к нам на три дня академик товарищ Спицын и наш земляк – заслуженный пенсионер Фёдор Иванович.

– Товарищи, надо, – сказал дядя Павел.

– На лугах так прекрасно, – сказал дядя Федя.

Пристыженная их словами малосознательная часть дачников заспешила к правлению получать инструмент. Собаки, естественно, разбежались, и кошки, и куры, и петухи. Шофёры по своим делам направились. Пестряков Валерий ушёл переодеваться после победы.

– Я своё дело сделал, – сказал он Гришке на прощание. – Теперь ты своё доделывай.

Полюбуйтесь на Розенкранца

Остались на стадионе Гришка и козёл Розенкранц, умирающий от ложного стыда и обиды.

– Хватит вам на земле лежать, – сказал Гришка. – Вставайте.

– Не могу... – застонал козёл. – Я не могу никому на глаза показаться. Я пойду и утоплюсь... А вас я теперь ненавижу...

– Вы меня и раньше не очень любили, – сказал Гришка. – А в вашем возрасте уже пора за ум взяться.

– Я сирота-а... – заплакал козёл. – И не подходите ко мне, я укушенный.

– Григорий, – послышалось сверху.

Гришка голову поднял – над ним Аполлон Мухолов виражи закладывает.

– Здравствуйте, – сказал Гришка. – Вы посмотрите, что с Розенкранцем творится. Прямо как маленький.

– Сирота я, сирота-а... – Козёл заплакал ещё жалобнее. С подсинённой бороды закапали на землю обильные синие капли.

– Меня Розенкранц никогда не заботил. А теперь и подавно, – сказал воробей. – Я теперь выше. – Он покружил над стадионом и завис над Гришкиной головой. – Я влюблён. В чайку... Каким-то сверхъестественным чудом к нам прилетела чайка с Балтийского моря. Она сейчас рыбу ловит на плёсах. Плотву... Я вас ищу, собственно. Попрощаться. Улетаю с чайкой на Балтику. Буду морским воробьём. С Фёдором Ивановичем я уже попрощался и с Павлом Степановичем.

Гришка хотел спросить, мол, нельзя ли и ему к морю, но вспомнил, что после турнира возникла, как и было задумано, задача, которую нужно было решить безотлагательно.

– До свидания, – сказал Гришка. – Прилетайте обратно.

– В отпуск только. У моряков, сами знаете, жизнь... – Аполлон Мухолов замолчал – наверно, не знал, какая у моряков жизнь, а врать не решился, опасаясь, что не хватит воображения.

Козёл Розенкранц поднял на воробья покрасневшие от слёз глаза, носом бурливо шмыгнул и вдруг сказал басом, какой возникает после рыданий:

– Пижон пернатый. Скажи спасибо, что у меня тоска в данный момент, не то бы я из тебя не то что морского – подводного воробья сделал.

– Как? – воскликнул Аполлон Мухолов, не имея в виду задавать вопросов.

– Этой подушечке для булавок случай помог. – Козёл поднялся и нервно забегал туда-сюда. – Везёт некоторым. Ой, люди! Ой, уважаемые домашние животные, птицы и курицы! Где справедливость? Родился он, пардон, под стрехой средней школы. Всю науку в форточку подслушал. Изо всех десяти классов сразу. Вообразите, какая каша у него в голове. И пробелы.

– Я самообразованием пополнил и систематикой, – объяснил воробей гордо.

– Нет, вы ответьте, – продолжал козёл, сотрясаясь всем телом. – Мух для пропитания ему ловить нужно было? Нужно. Он их ловил? Ловил. А также расходовал ценное учебное время на драки. Пропускал, Мухолов, занятия?

– Многие школьники пропускают, а им всё равно аттестат дают, – вздорно чирикнул Аполлон Мухолов. – И помолчали бы вы. Не вам говорить! Вам... с вас... о вас, как с козла молока. Я всегда презирал козлов!

– Да я тебя вместе с твоим чириканьем проглочу! – Козёл подпрыгнул на рекордную высоту. Он бы, конечно, задел воробья рогами, но Аполлон Мухолов взвился свечкой и от страха за свою будущую моряцкую жизнь и любовь капнул на козла с высоты.

Именно эта капля оказалась последней каплей, решившей судьбу козла Розенкранца.

– Недоучка! – закричал козёл страшным голосом. И зарыдал. – Чтобы на меня какой-то воробей паршивый с высоты капал? Нет, не могу! Держите меня, Гришка, у меня разрыв сердца.

– Так и надо, – чирикнул воробей, улетая на Балтику.

– Ох, держите меня, держите! – Козёл дышал тяжело. Головой тряс, словно залепило ему глаза паутиной. Ногой топал и восклицал: – Хватит! Гришка, вы должны мне помочь. Все, кроме вас, от меня отвернулись. Даже наглые курицы. Я говорю – хватит!

Но последняя капля оказалась, увы, предпоследней. Из-за футбольной штанги вышел, прихрамывая, дядя Вася с чемоданом, в котором гармонь.

– Жалко мне, – сказал он. – Очень жалко. Что ты надумал? Исправляться? А твоя яркая индивидуальность? Исчезнет она. И не будет её... «Когда б имел златые горы...» – запел дядя Вася.

– Вот именно, – сказал козёл мрачным голосом. – Отчего вы такой, цветом в зелень? Это не вас я на крыше бодал, когда вы чужое веселье в печную трубу подслушивали? Гришка, держите меня покрепче. Я сейчас за себя не ручаюсь. Что-нибудь сотворю сверхвозможное. Ох, держите меня, держите!..

Через некоторое время в правлении колхоза у председателя Подковырина Николая Евдокимовича появились два посетителя: приезжий дошкольник и бородатое животное неопределённого сельскохозяйственного профиля. А вечером все жители новгородской деревни Коржи, а также дачники и проезжие шофёры поразились. В деревню входило стадо. Впереди – козёл Розенкранц, чистый и красивый – весь белый. Шёл он с небрежной лихостью, как командир разведчиков. Овцы в сторону не скакали, в чужие дворы не ломились – дисциплину держали. Коровы тоже довольные были. Коровам нравится, когда впереди такой красавец шагает. Пастух Спиридон Кузьмич, идущий, как и полагается, позади стада, нахвалиться не мог.

– Ну помощник! – говорил он, останавливаясь у каждой избы. – Ну мастер! Можно сказать, психолог, врождённый гений!

Повариха Мария Игнатьевна, выбежав из кухни, ахнула:

– Розенкранц, ты ли это? – и угостила козла омлетом.

Плечистый молодой шофёр в цветочной рубахе, который уже починил свою машину, смазал её и провёл профилактику, крякнул и вилку выронил. Он в этот момент в столовой сидел, закусывал перед дальней дорогой. Сбегал молодой шофёр к прилавку – угостил Розенкранца крюшоном.

А Гришка?

Совершенно естественно, наполнился Гришка гордостью и самодовольством. А как же, сколько он хорошего дела сделал. Приподнялся Гришка на цыпочки, вытянулся, как гороховый росток, ладошками кверху и полетел. Теперь он летел повыше прежнего, глазами сиял и всем улыбался.

– И чего это ты такой гордый? – услышал он голос снизу. – И чего это ты так взлетел?

– А как же? – ответил Гришка, различив с высоты соседку бабку Наташу, у которой молоко по утрам брал. – Козёл Розенкранц исправился, теперь хулиганить не будет.

– Ахти... – проворчала бабка Наташа. – Подруга моя Аграфена болеет, а в аптеке лекарства нужного нет. Дров на зиму Подковырин Колька обещал доставить, а где они, дрова те? Картошку нынче какой-то жучок ест. Грибы, как я вижу, не уродятся. Ты взлетел, ты и посмотри с высоты, сколько всего. А ты нос задрал, как моя внучка Лизка, окромя своей гордости ничего не видишь.

Гришка посмотрел вокруг да и сел на землю. Увидел он с высоты своего гордого полёта лесной пожар, большую колдобину на шоссе, её ливнем промыло, замусоренные улицы увидел, поломанные ребятишками яблони и много всякого другого, чего с высоты дошкольного роста не разглядишь.

Ехали бы, чего же

Дядя Федя встретил Гришку словами:
— Как твоя становая ось?
— Крепчает, — ответил Гришка не очень уверенно.

— И не ври. Вижу, опять летал. Нет в твоём организме твёрдости. — Дядя Федя лёг на кровать, покрыл голову пиджаком. — Пашку в Москву вызвали телеграммой «молния». Не погостил Пашка.

Дяди-Федины руки, далеко вылезающие из коротких рукавов полосатой рубахи, были похожи на особые корнеплоды. Так Гришка думал.

Дядя Федя тоже думал в ожидании вопросов.

Дом дяди-Федин молчал. Молчала утварь, развешанная на стенах, ковшики, сковородки, сковородники, продуктовая сетка с папиросами «Север», картинки и фотографии, вилки, ложки, ножи и кружки.

— Конечно, ты знаешь. Ты газеты читаешь, радио слушаешь, — наконец сказал дядя Федя. — И не притворяйся, что ты об этом не думаешь. Короче, выкладывай свой ответ на свой вопрос. Иначе не получится.

— Чего не получится? — спросил Гришка.

— Разговора у нас не получится. Спрашивай: как я отношусь к ожирению?

Дяди-Федин дом засопел печной трубой, смущённо улыбнулся развешанными на стенках предметами, предназначенными для приёма пищи.

– Я жирею, – сказал дядя Федя печально.

Гришка молча почувствовал свою пока ещё неопределённую вину.

– Пашка уехал нетрясучий транспорт пускать в испытательный рейс раньше срока, – сказал дядя Федя. – Меня с собой звал на ответственную работу.

– Кем? – спросил Гришка.

– Испытателем.

Гришкина вина отчётливо определилась и налегла на него тяжестью коллективной поклажи, когда все несущие, кроме тебя одного, вдруг выпустили её и занялись другим делом. Так Гришке показалось.

– Разве вы машинист? – спросил Гришка, надеясь сбросить хоть часть груза.

Дядя Федя проворчал из-под пиджака:

– Не притворяйся. Машинисты у Пашки молодые, обученные на высших специальных курсах. А я кто есть?.. Я есть старик.

– Как же вы тогда испытывать стали бы?

Дядя Федя стащил с головы пиджак. Мечтательно выставил бороду к потолку.

– Сидел бы в мягком откидном кресле, обвешанный градусниками и присосками. Меня бы лимонадом поили молоденькие проводницы – у Пашки все проводницы с высшим образованием. А учёные доктора с меня показания снимали бы на всех скоростях. Для кого нетрясучий транспорт? Для стариков. Которые молодые, те и на мотоциклах могут, и на ракетах, а особенно хорошо на своих ногах... Понял мою работу? Если я на всех режимах и при тормозе сдюжу, значит, все старики и старухи могут Пашкиным транспортом пользоваться без опасения.

– Жаль, – сказал Гришка. – Ехали бы, чего же?

– Васька вместо меня поехал.

– Как?! – вскричал Гришка.

– Так. Ты вот знал, что он здесь обретается, а нам не сказал.

– Он плохой, – пробурчал Гришка.

Дядя Федя глянул на него жалостливо и снова в потолок уставился.

– Ты ещё товарищей накопить не успел, тебе их не жаль пока что. А мы уже почти всех потеряли... Васька был очень сильный физически, а вот становая ось у него слабая...

Дядя Федя засопел простуженно. К стене отвернулся. Но вдруг вскочил с кровати, достал с печки пишущую машинку. Громко поставил её на стол.

– Думаешь, я бесцельный и бесполезный пенсионер? А я вот буду литературным творчеством заниматься для пользы потомкам. – Дядя Федя сел за стол, засопел немного и напечатал заглавными буквами: «МЕМУАРЫ».

Гришка подумал:

«Мемуары» – слово красивое, как цветная бумага».

Дядя Федя написал под заголовком: «Воспоминание первое». И приказал Гришке:

– Не дыши возле уха, воспоминания мои заглушаешь.

Гришка, естественно, удалился. Послонялся вокруг избы. Воды наносил из колодца. Увидел, что дядя Федя уже не печатает на машинке – так сидит, голову рукой подперев, а глаза его беспокойные куда-то в одну точку уставились, далёкую-далёкую.

Гришка на цыпочках подошёл. Заглянул через дяди-Федино плечо и прочитал, шевеля губами:

«Отчётливо помню свою любимую бабушку Дарью Макарьевну. Старушка была смиренная, богомольная. Меня жалела. Но таилась в бабушке зависть – скрытая печаль, которая надрывала её доброе сердце. У соседки Анфиски на божнице стояло двадцать богов, а у бабушки только три, да и те старые совсем, от ветхости почерневшие.

Замыслил я сделать бабушке благое дело, чтобы радость у неё от количества богов появилась. Именно с этого решения и начинается моя сознательная автобиография. До того проживал я почти полных пять лет, как трава-бурьян, только для собственного бессмысленного удовольствия. Потому и не запомнил я свои ранние годы.

Однажды, когда моя бабушка ушла в соседнюю деревню Казанское на богомолье, я её иконы с божницы снял. Воткнул их в грядку на огороде. Навозом полил и водой. Сижу, жду, когда ростки будут, а за ростками и много других иконок появится. Может, снаружи, как огурцы, а может, в земле, как картошка. Земля у нас плодовитая. И Божья Матерь, в этом я был уверен, мне с небес поможет. Думал я, как обрадуется моя бабушка Дарья Макарьевна, поскольку икон у неё будет больше, чем у заносчивой соседки Анфиски. Представил я густую толпу богов и серафимов, свежих и ярких, как цветы полевые. И тут почувствовал я удар бабушкиной палкой по голове...»

На этом дяди-Федины мемуары обрывались.

— А дальше? — спросил Гришка шёпотом.

Дядя Федя голову поднял, посмотрел на него тусклым взглядом. И так же тускло ответил:

— А что дальше? Когда я поправился, обрёл способность к передвижению, папаша отправил меня в Питер в обучение к своему дальнему родственнику. Бабушка моя меня на дух не хотела видеть. Какая в обучении у дальнего родственника жизнь, ты, Гришка, сам должен знать из классической литературы писателя Чехова: «А вчерась мне была выволочка. Хозяин выволок меня за волосья на двор и отчесал шпандырём...» Это, Гришка, с моей биографии написано.

Дядя Федя поднялся из-за стола. Затолкал пишущую машинку на печь, да так, словно она была в чём-то повинна.

– Не по моему характеру мемуарами утешаться. Вперёд, мальчик! – Дядя Федя сделал несколько физкультурных упражнений руками и поясницей. И сказал всё ещё грустным, но уже сильно окрепшим голосом: – Куда дел топор? Дров пойду наколю. Когда у меня нехорошее настроение, я всегда прибегаю к помощи колки дров. – Дядя Федя отыскал топор в сенях и уже с топором просунулся в комнату. – Думаешь, я зажирел? Неправильно думаешь. Знаешь, что мне Пашка настоятельно поручил? Он мне сказал: «Фёдор, без устали следи за нашим Гришкой. Нужно, чтобы становая ось у него была крепкая». И вообще... Какая у тебя становая ось? И не ври.

– Тонкая...

– Тогда иди бегай. Гуляй.

– Уже вечер.

– И вечером хорошо гулять. Вечер влияет на воображение.

Я кричу на тот берег...

Воздух в деревне пропах разнообразными сильными ароматами. Особенно хорошо пахло медовой травой. Небо переменило оттенок, подмешав в голубое немного краплака, – наверное, к ветру – и, опустившись вниз, перегородило деревню Коржи вертикальными плоскостями наподобие стеклянных дверей и зеркальных витрин. Гришка шёл осторожно. Он без дела гулял. Вернее, гулял и думал: «Не было у дяди Феди счастливого детства. Что же он вспоминает, когда приятное вспомнить хочет? Наверно, друзей...»

Подумал Гришка и о козле Розенкранце, до последнего времени одиноком: «Теперь козёл Розенкранц вместе с пастухом Спиридоном Кузьмичом проживает. Теперь их двое. И нас с дядей Федей двое. Ещё у меня мама есть и папа. А товарищей теперь у меня много». Представил Гришка всю свою группу из детского сада в разноцветной одежде. Посередине вообразил заведующую Ларису Валентиновну в зелёном платье. Рядом с ней с одной стороны посадил Пестрякова Валерия с футбольным мячом, с другой стороны – козла Розенкранца. Над их головами, в воздухе, вообразил воробья Аполлона Мухолова в тельняшке. Красиво получилось.

«Будет у меня товарищей ещё больше», – подумал Гришка с законной гордостью, хотел было взлететь, но вовремя

спохватился и к воображённой уже картине довообразил следующее: на задний план поставил белого коня по имени Трактор. Внизу, на траве, – девочку Лизу в розовом платье, петуха Будильника и маленьких белых ягнят. Некоторым ребятам дал в руки щенят и кошек. А Ларисе Валентиновне – тёмно-бронзового карася Трифона, большого, как чемодан. Получилось настолько красиво, что Гришка даже остановился, зажмурившись от такого яркого разнообразия своих друзей, настоящих и будущих. А когда глаза открыл, увидел парня Егора.

Сидел парень Егор на брёвнах. Ну, сидит себе парень на брёвнах – и пусть сидит. Смотрит парень на дом, который напротив, и пусть смотрит. Но в лице парня Егора было что-то очень настойчивое и напряжённое, словно он кричит, а Гришка не слышит.

Гришка в ушах поковырял – не слышит. Головой потряс – не слышит. Подошёл Гришка к парню, сказал:

– Извините. Мне кажется, вы кричали?

– И сейчас кричу.

– Тогда почему же я ничего не слышу?

– Я не для тебя кричу, – сказал парень. – Я кричу на тот берег. – Лицо его снова стало настойчивым, немного печальным и напряжённым.

Гришка по сторонам посмотрел. Никакого берега нет.

– Вы и сию секунду кричите? – спросил Гришка.

Парень кивнул.

– Как же на том берегу услышат, если я на этом не слышу? К тому же вы сидите спиной к реке, и она не так близко.

– Не мешай, – сказал парень. – Впрочем, может быть, ты прав. Я так громко кричу, даже охрип, но она не слышит. Может быть, в моём крике не хватает чувства?

Гришка внимательно посмотрел на парня.

– Чувства у вас достаточно, но зачем кричать? Я бы на вашем месте постучал в дом напротив, вошёл и сказал: «Таня, здравствуй, это я».

Парень сначала подумал, потом насупился.

– Ишь ты, – сказал он. – Вот когда будешь на моём месте, тогда и действуй по-своему. У каждой самбы своя падейра.

– Чего? – спросил Гришка.

– Пластинка такая есть, заграничная, – объяснил парень, – иносказательная. В русском толковании значит: у каждого человека свой подход и характер.

– Тяжело вам, – сказал Гришка. – А вы не пробовали перейти речку вброд?

– Для моих чувств вброд нельзя. Необходим мост красивый.

– Трудное дело...

Но парень уже Гришку не слушал, он снова лицом просветлел и опечалился – снова кричал на тот берег.

Гришка потихоньку слез с брёвен и так, чтобы парень не заметил, огородами пробрался к дому напротив. Влез из огорода в окно и увидел: сидит Таня на диване, ноги под себя поджала, книгу читает – роман – и транзистор слушает.

– Здравствуйте, – сказал Гришка. – Вы тут транзистор слушаете, а на ваш берег кричат, докричаться не могут.

– Кто кричит? – спросила девушка.

– Тот и кричит, у кого чувства. У каждой самбы своя падейра.

– Что-что? – спросила девушка Таня.

Гришка объяснил:

– Падейра. Чего же тут непонятного – значит свой голос. А ваш транзистор могли бы и выключить, он вас, наверно, глухой сделал.

Девушка транзистор выключила. Прислушалась.

– Действительно, – сказала она. – Кто-то кричит. Как будто тонет.

– Может, и тонет, – сказал Гришка. Спрыгнул с подоконника и опять огородами побежал на улицу к парню Егору, что сидел на брёвнах.

А девушка уже вышла. Посмотрела на парня и засмеялась. И пошла вдоль по улице по своей стороне. И парень засмеялся. И тоже пошёл по улице по своей стороне. Они шли, как будто между ними протекала река и не было мостика, чтобы им встретиться.

– Ничего, – сказал Гришка. – Мостик, наверное, будет.

Он прибавил девушку Таню и парня Егора к толпе своих друзей. Поставил их на картине позади Ларисы Валентиновны. Но чтобы они не стояли так безразлично, он, поразмыслив, посадил их на белого коня Трактора верхом. Получилось красиво. А когда дорисовал картину, сел на брёвна и задумался.

«Что ли, мне закричать на тот берег? Чувства у меня тоже хорошие». Он и не закричал ещё, как его кто-то за плечо тронул. Обернулся Гришка – позади него девочка Лиза стоит.

– Ты чего так громко кричишь? – спросила девочка Лиза. – Даже мой Шарик, на что вертлявый и озорной, и тот услышал.

– А ты чего такая нервная? – спросил Гришка. – Вдруг гроза, а ты нервная.

Девочка Лиза села рядом с Гришкой, повздыхала и рассказала историю, печальную до слёз.

Ах, какой жабик

Началась вся история с художника-живописца Мартиросяна. Зимой художник Мартиросян устроил в городе Ленинграде персональную выставку своих картин под общим названием «Моя волшебная новгородская родина». На всех картинах были изображены деревня Коржи и её окрестности в таких ярких красках, что многие посетители выставки написали в книгу отзывов восторженные слова. И про себя решили не ездить в отпуск на Южный берег Крыма, на Кавказ или в Прибалтику, но поехать именно в Коржи, полюбоваться красотой Валдайских угоров. Взрослые посетители выставки взяли своих детей, а те, естественно, взяли своих собак. Собаки все с родословными, такими длинными и неистребимыми, как корень растения под названием «хрен». Все, как одна, с медалями за красоту и породу.

Дачные дети ходили по берегу реки, водили своих собак на поводках, друг на друга смотрели свысока – каждый считал, что его собака неизмеримо выше по происхождению, чем все другие. На красоту окрестностей они не смотрели – все на своих собак смотрели, чтобы те не испачкались, предположим, в навозе, поскольку по улице ходит деревенское стадо и испачкаться породистой собаке можно в один миг.

Девочка Лиза ничего про собачью чистопородность не подозревала. Она подобрала себе щенка, который случайно оказался в деревне Коржи и, дрожа от дождя и холодного ветра, пришёл ранней весной к ней на крыльцо и поцарапался в дверь. Он был совсем маленький, с совсем голым брюхом. Уши у него печально висели, с хвоста капала сырость. Глаза смотрели на Лизу с мольбой. Девочка Лиза была счастлива со своим щенком, которого за круглый вид прозвала Шариком. Счастье их кончилось именно в тот момент, когда девочка Лиза, обидевшись на Гришку и Пестрякова Валерия, пошла презирать их в свой палисадник, где пышно росли цветы.

«Гришка глупый, Пестряков грубый, – думала Лиза. – Не стану я с ними дружить. Они мне совсем не подходят».

Щенок Шарик попытался лизнуть Лизу в нос, чтобы хоть таким образом развеять её настроение.

– Шарик, Шарик, – сказала Лиза, – я сейчас привяжу тебе золотую ленточку на шею и пойду с тобой на берег реки, где гуляют культурные дети со своими красивыми собаками. А на этих бескультурных Валерку и Гришку я обижена на всю жизнь.

Обида – ах! – это трудное слово, но как оно легко произносится. Именно в этот момент Пестряков Валерий, чинивший рогатку, поёжился и попросил маму:

– Мам, закрой дверь, сильно дует. Гришка споткнулся, коленку ушиб. А дядя Федя, высунувшись в окно, осмотрел ясное небо.

– Тучи, – сказал дядя Федя. – Сгущаются.

Лиза привязала Шарика на золотую ленточку, вплела себе

в косу золотой бант, надела золотое платье и прошлась со щенком по берегу реки, там, где прохаживались и прогуливали своих собак посетители выставки. Лиза шла носик кверху, губы шнурочком шёлковым. Взрослые посетители, нужно им отдать справедливость, говорили с ласковыми улыбками:

– Ай, какая мордашка. Ах, какой жабик... – Это про Шарика.

– Ну, умница... – Это про Лизу.

Зато дети, как люди более искренние, именовали Шарика шавкой, сявкой, чучелом, муравьедом, даже помесью кошки с метлой. Про Лизу они говорили «дурочка», а также спрашивали: «Ты его для блох держишь?» Лиза не вынесла такого отношения, распечалилась, даже утопиться хотела или голодом себя уморить.

Тогда они притащили ольху

— Позор, — сказал Гришка, выслушав Лизин печальный рассказ. — Я тут сижу, кричу на тот берег, а нужно совсем о другом кричать. Пойдём к моему дяде Феде. Он нам поможет. Он одиноко скучает без дела.

Гришка неправду сказал — был не в курсе. Пока он прогуливался по деревне, дядя Федя сбегал в правление колхоза, провозгласил себя бригадиром дачников на покосе и сейчас энергично действовал у кухонного стола.

— Будем жарить баранину, — сказал дядя Федя. — Мне для ударной работы мясом заправиться нужно. Баранину я помыл, уксусом сбрызнул, перцем и солью посыпал, луком проложил. Пусть пропитывается. Ты поди на берег в ольшаник, там я видел две ольхи сухие, кем-то срубленные. Ты со своей подружкой приволоки их сюда. Уголь у ольхи стойкий, жар ровный — царские дрова. Раньше ольхой Зимний дворец отапливали. Она аромат прибавляет.

— Дядя Федя, пожалуйста, дайте совет.

— Это потом, — сказал дядя Федя. — Я сегодня, не поев баранины, не способен к оригинальным мыслям.

— Пойдём, — сказал Гришка девочке Лизе.

Тогда они притащили ольху.

Дядя Федя развёл костёр. Поджарил баранину на шомполе от старинного ружья. Когда они поели и облизали пальцы, дядя Федя сказал:

– Выкладывайте.

Гришка изложил Лизин рассказ в сокращённом и усиленном виде.

– Разве это беда? – сказал дядя Федя и посмотрел на Лизу по-своему, как бы вбок, но всё же прямо в глаза. – Эх, беда-лебеда! А ты не пробовала перейти речку вброд?

– Это ещё зачем? – В Лизином вопросе, как распаренная каша, пыхтела обида. – Буду я ноги мочить в новом платье...

– Ладно. Придётся снасть делать... Как зовут твою жучку?

– Шариком, – сказала Лиза.

– Какой размер?

– Маленький. Ему, наверно, три месяца. Такой, если взять без хвоста. – Она показала размер, какой бывает коробка из-под вермишели.

А где у нас львы?

Лиза пришла чуть свет. Гриша и дядя Федя спали. Дядя Федя — на широкой кровати, которую купил благодаря своему ревматизму; Гришка — на раскладушке, как сверчок в алюминиевой мыльнице. Лиза села с Шариком у окна в кухне. Шарик тихо сидел, наверное, чувствовал что-то особенное.

Гришка проснулся от дяди-Фединого громкого голоса.

— Гришка! — кричал дядя Федя. — Хочешь, чтобы я на покос опоздал? Мне ещё бригаду нужно будить. Пока растолкаешь — умаешься. Вставай, Гришка, беги за водой. Ополоснёмся, позавтракаем — и вперёд, мальчик!

Гришка схватил ведро, за водой сбегал. А Лиза сидела с Шариком у окна и даже завтракать с Гришкой и дядей Федей не захотела.

— Да, — сказал дядя Федя. — Беда-лебеда!.. Снасть! Вот, бери снасть. — Он полез под кровать, достал оттуда ошейник в медных заклёпках и бляшках с неизвестными письменами и знаками и ремешок узкий с кисточками по всей длине. Возле петли, за которую поводок рукой держат, была надета большая стеклянная бусина старинного вида.

Дядя Федя обрядил Шарика в ошейник. Погладил и сказал:

– Идите теперь туда, где тех собак выгуливают. Я скоро.

Лиза понурая шла, ничего не говорила. Гришка её утешал – мол, дядя Федя не подведёт.

Детей с собаками на берегу прибавлялось мало-помалу. Известно, городские, утомлённые телевидением дети на летних каникулах любят поспать подольше. Гришка и Лиза прогуливались с Шариком, ни на кого не обращая внимания. Зато владельцы высокопородных собак то и дело поглядывали на Шариков ошейник и поводок. Один из них, Костя Гостев, владелец эрдельтерьера, предложил Лизе выменять ошейник и поводок на губную гармошку.

Лиза и Гришка разговаривать с ним не стали.

Вдруг послышался шум. На берегу появились дачники в шортах. Каждый нёс грабли. Впереди – дядя Федя

без граблей. Ему, как бригадиру, некогда сено сгребать: всё своё время он решил распределить на показ приёмов труда и словесное обучение.

– Перед работой, – говорил дядя Федя, – хорошо перейти речку вброд. Холодная вода придаёт бодрость и ударное настроение. А это что?! – вдруг воскликнул дядя Федя таким голосом, словно споткнулся о небольшую Пизанскую башню. – Удивительно! Откуда у нас такое чудо?

Дачники с граблями стали смотреть по сторонам. Но дядя Федя привлёк их внимание туда, куда надо, присев перед Шариком на корточки.

– Сюда смотрите! Это же африканская вангва! Шарсимба! Охотник на львов. Перед вами, товарищи, прекрасный экземпляр щенка этой редкой, отважной собаки.

Один из дачников возразил.

– А вы, – сказал, – не заблуждаетесь? По-моему, это дворняжка.

– А кто, по-вашему, был моряком дальнего плавания, я или ещё кто-нибудь? – спросил дядя Федя.

– Я, во всяком случае, не был, – сконфузившись, признался дачник.

– Вот именно. – Дядя Федя поднял Шарика на руки, поглядел его зубы, когти, нашёл какие-то обязательные для африканской вангвы бородавки и пятно на хвосте. – Ошибки быть не может, – сказал он. – Вангва! Шарсимба! Чудо!.. Я, когда с завода ушёл – мы на заводе с Пашкой работали, он академик нынче, – куда я наладился? В торговый флот. Не могу на одном месте долго сидеть – характер движения просит... Вы знаете, какой раньше у нас был флот? Очень небольшой. Месяц в океане идёшь, два – своего флага не встретишь. Всё английские, голландские и прочий капитализм. А сейчас? Мне мои друзья-моряки рассказывают: приветственные гудки по всем широтам. Из-за мыса вырулишь – навстречу корабль с красным флагом.

«Привет, братишки, куда путь держите?» Вот сейчас как! – Дядя Федя поцеловал Шарика, для чего стал на четвереньки. – Чучулуп мау лефу назия пык! – приказал он.

Шарик принялся прыгать и рычать. В одну сторону рыкнет, в другую... Перевернётся и снова рыкнет.

– Африканская вангва, – повторил дядя Федя чуть ли не со слезами. – Она таким образом львов ищет. По специальной команде. Это у них в крови. А уж как найдёт – не удержишь. Пойдёмте, товарищи, перейдём речку вброд. Дядя Федя предположил вслух, что, вероятнее всего, какой-нибудь неразумный моряк привёз вангву своим неразумным родственникам. – А где у нас львы? – спросил он, вступая в воду реки.

Дачники с граблями пустились переходить речку. Они обсуждали событие с привлечением фактов из книги охотника Даррелла и других иностранных авторов. Тем временем на берегу собралось много юных владельцев собак, которые всё слышали и видели и теперь стояли понурясь. Окончательное уныние напало на них, когда на берегу появились парень Егор и девушка Таня. Они отстали от основной массы помогающих колхозу дачников, потому что парень развивал перед девушкой по пути различные интересные темы, сворачивал не в ту сторону и останавливался. Подойдя к берегу, парень Егор оглядел ребят и собак заинтересованными глазами.

– Странно. Африканская вангва. Шарсимба. Охотник на львов. – Лицо парня покрылось румянцем, глаза засверкали огнём интересных тем. – Кстати о львах и ошейниках древнеафриканской ручной работы! – воскликнул он и предложил Тане перейти речку вброд.

Может быть, он не хочет

Мальчишка Костя Гостев пнул ногой своего эрделя.

— Лизка, давай меняться. Я тебе Юшку отдам. Он цыпу умеет делать.

Костин эрдель Юшка сел на задние лапы, передние он держал на весу согнутыми, словно на каждой лапе висело по ридикюлю.

— Губную гармошку в придачу отдам и водяной пистолет, — продолжал Костя.

— А я тебе что?

— Вангву. Шарсимбу.

— Что ты, — прошептала Лиза. — Разве можно такое говорить? — Она погладила Костиного эрделя рукой изгибисто и не прикасаясь. — Пойдёмте, Григорий, обратно.

«Что-то вежливость на неё напала», — подумал Гришка с опаской.

Шарик бежал за ними, рычал и тявкал.

Гришка отметил: шла Лиза не так, как прежде, не просто, но как бы с умыслом, с какой-то настораживающей заботой, а когда пришла и села на брёвна возле нового дома, платье оправила, подбородок подняла величаво и опустила ресницы со вздохом.

– Григорий, – сказала она, – вы знаете, о чём я мечтаю? Нет, вы, Григорий, не знаете. – И слова у неё были мёртвыми, словно хорошо высушенное и отлакированное дерево, сохранённое для потомства. – В детстве я мечтала о говорящей кукле. Сейчас я мечтаю о говорящей собаке. А когда вырасту, буду мечтать о говорящей лошади.

– Да? – сказал Гришка. – Может быть, Шарик ещё научится?

Лиза возразила с уверенностью:

– Не спорьте, Григорий. Шарсимба очень отважный пёс, но разве он сможет заговорить?

– А может быть, он не хочет, – сказал Гришка. – Ведь всегда есть опасность наговорить глупостей.

– Мне его жалко, – вздохнула Лиза. Шарик, который до этого разговора рычал и крутился волчком, вдруг сник. Уши опустил. Хвост поджал. Теперь это был не охотник на львов, а маленький и беззащитный одинокий щенок.

– Интересно, – прошептал он. – Может быть, вы объясните всё же...

– А ты помолчи! – прикрикнула на него девочка Лиза. – Тебя покамест не спрашивают. Не терплю, когда младшие в разговор вмешиваются.

Шарик поднялся и, поджав хвост, побежал мелкими шагами в край деревни.

Лиза крикнула:

– Шарик, ко мне!

Но Шарик не обернулся.

– Ко мне! Тебе говорят!

Но Шарик только надбавил шагу.

Девочка Лиза принялась возмущённо высказываться на тему, как она Шарика спасла, как давала ему конфеты и каким, сам видишь, он оказался неблагодарным.

Отметил Гришка – изменилось что-то в природе, словно приблизилась гроза с гремучими молниями, пока ещё невидимая, но уже ощутимая. Понял, что жизнь его теперь усложнилась – только глаз, да ушей, да ещё доброты для понимания её будет мало.

Когда-то давно

Ещё издали поманил Гришку тёплый хлебный запах. Гришка на запах пошёл. Он думал: что же случилось, почему так грустно ему? Думал и хлебный запах вдыхал.

Мама всегда говорила:

– Относись к хлебу почтительно, как к отцу. Ешь его аккуратно.

Дядя Федя, наверное, относился к хлебу, как к другу, он его похлопывал, и приговаривал, и подмигивал, будто давно с ним не виделся. А когда нарезал для еды, прижимал каравай к животу. Ломти отваливал толстые, одним круговым движением, присыпал крупной солью и дышал с удовольствием, словно выходил из продымлённого помещения на улицу.

– Подыши, – говорил он. – Дух какой. Всякий раз поражаюсь. И что в нём? Не пряник – хлеб простой, а как пахнет.

Запах хлеба по мере Гришкиного продвижения становился всё крепче. Заметил Гришка, что собаки и курицы вдруг повернули носы в одну сторону. А запах хлеба стлался над землёй величественно, как басовый звон.

– В пекарне, наверное, хлеб поспел.

Пекарня посреди деревни была в бывшей старинной церкви. Церковь ту старинную купец Зюкин построил, очень хитрый купец и очень всё к себе загребущий. Была церковь толстостенная, грузная, как сундук, даже самые древние бабки-старухи на неё не крестились – такая некрасивая, к земле прижатая.

И вот запах хлеба её как бы поднял, стены раздвинул, как бы раскалил изнутри.

Шёл Гришка к пекарне медленным шагом, задавал себе вопрос: «Почему мне так грустно?» И размышлял о хлебе – он недавно вкус хлеба понял. Рядом и позади Гришки собаки шли, курицы, лошади, кошки, сороки, муравьи...

Пекарь – раскрасневшаяся тётя Полина высыпала из окна всем гостям крошек-обломышей. Гришке дала краюху мягкую, пушистую, неровную, но от запаха как бы круглую, такую большую и всевозрастающую. Такую чудесную, что Гришка глаза зажмурил и вообразил следующее: когда-то давно, много-много лет назад, когда все люди были детьми, когда деньгами служили разноцветные стёклышки, земля была свежая и молодая, такая мягкая, такая пушистая и такая духовитая, как горячий хлеб. И вот на её поразительный запах слетелись со всей вселенной букашки, и лошади, и слоны, и киты, и медведи, и черепахи. Тогда небось все летали. Слетелись – и теперь на земле обитают.

Сквозь эту грёзу различил Гришка щенка Шарика. Шарик лежал в отдалении, в тени лопухов, а в глазах его тёмных стояли слёзы.

– Худо, – сказал Гришка. – Так худо, хуже и не придумаешь.

И вдруг Гришка ответил на свой вопрос: «Почему мне так грустно?» Потому, ответил, что осознал одну чрезвычайно простую мысль.

При встрече он выскажет её девочке Лизе без колебаний.

Я над тобой хозяйка

Возле правления колхоза висела доска с надписью: «Приказы и объявления». И то и другое сугубо официального смысла прикалывали на доску кнопками. Вечером на этой важной доске появилось объявление частного характера, к колхозным делам никакого отношения не имеющее. Написано на нём было:

Сабака ищет себе верново друга.

А под объявлением сидел щенок Шарик, и вид у него был неважный.

Первым объявление прочитал Гришка: он всякое письменное слово читал, развивался для будущего поступления в школу.

— Зачем искать? Пойдёшь ко мне. Не сомневайся, я очень верный.

— А я и не сомневаюсь, — ответил Шарик и хвостом вильнул, как бы извиняясь. — Только ты меня взять не можешь, тебе у мамы спрашивать нужно.

– Она согласится. Она как увидит тебя, так сразу полюбит. Будем вместе в городе жить, – сказал Гришка таким голосом, словно дело это решённое.

Шарик глаза опустил, голову между лап свесил.

– Нет, – сказал он. – Я здесь хочу жить, в этой красивой местности.

Дачные дети подошли, прочитали объявление, стали наперебой щенку Шарику предлагать себя в верные друзья. А Костя Гостев, который своего учёного эрделя Юшку хотел променять, стоял сейчас в речке, синий от холода, и уши водой мочил – бабушка у Кости была человеком решительным и справедливым. Вдруг толпа расступилась – к доске объявлений подошли сразу двое: Пестряков Валерий и козёл Розенкранц.

– Ясное дело, я тебе верный друг, – заявил Пестряков. – Сразу в лесной поход пойдём по компасу.

Шарик голову ещё ниже свесил.

– Извини, я к тебе не могу...

– То есть?! – воскликнул Пестряков вопросительно.

– У тебя удивления нет, – прошептал Шарик. – Вдруг мы в лесном походе льва встретим?

Пестряков Валерий рот широко открыл и долго не мог закрыть.

– Да, – сказал козёл Розенкранц. – Положеньице.

Тут толпа расступилась ещё раз, как бы в кружок стала. И в этом кругу посередине оказалась девочка Лиза в совсем новом платье.

– Это ещё что? – сказала она и ногой топнула. – Ты моя собственность. Я над тобой хозяйка.

Все молчали. И собаки, которые пришли с дачными детьми, тоже молчали, только носы отворачивали.

— Я человек честный, — объяснила Лиза с гордостью. — Признаю: может, я его немножко обидела в словесной форме.

— Если совсем маленько, то может быть... — попробовал заступиться за Лизу козёл Розенкранц, но фыркнул вдруг и добавил: — Лизка, скажи большое спасибо, что я теперь стал культурный, даже книжку читаю о путешествиях в жаркие страны, не то я бы тебя сейчас в пыли вывалял и в крапиву затолкал.

Тут Гришка выступил вперёд и без колебаний высказал Лизе простую мысль, которую понял, когда ел горячий хлеб из пекарни. Но поскольку он ещё не учился в школе, то простые мысли не умел излагать просто. Вот что у него получилось:

— Если друг, то не собственность. Если собственность, то унижение. Если унижение, то в дружбе измена. Если измена, то предательство. А предательство маленьким не бывает.

Лиза сделалась красной, как её красный шёлковый бант.

— Ах, так! — воскликнула она. Направилась было уходить с высокомерным презрением, но повернулась, всхлипнула и прогудела не слишком разборчиво: — А Шарик сам изменник. И пишет безграмотно, как курица лапой... И вы такие же...

Шутки тут неуместны

Пестряков Валерий остался у доски приказов и объявлений уговаривать Шарика, а Гришка пошёл по деревне. Он размышлял над той простой мыслью и почему-то девочку Лизу жалел. Представлялась ему девочка Лиза, с носом, так высоко задранным, словно она хочет проклюнуть небо. Но ведь небо – иллюзия, просто-напросто оптическая синева.

– Здравствуйте, Григорий... Я, Григорий, домой вернулся.

От неожиданности Гришка вздрогнул, голову поднял – на ветке воробей сидит нахохлившийся, Аполлон Мухолов.

– Здравствуйте! – закричал Гришка. – Вы в отпуск?

– А вы, как я вижу, стали шутником, – сказал воробей Аполлон Мухолов. – И пожалуйста. И на здоровье.

– Что случилось?

– И не спрашивайте!

А когда они помолчали немного, не мешая друг другу вопросами, Аполлон Мухолов сказал:

– Разбита мечта.

– Вы поссорились с чайкой?

– Нет. Я улетел тихо.

– Но, надеюсь, вас теперь можно называть моряком?

Аполлон Мухолов кинул на Гришу несколько быстрых булавчатых взглядов.

– Нет. Моряка из меня не вышло. Хотя, если быть справедливым, морских воробьёв нет в природе. Морские птицы питаются рыбой. У меня от неё изжога и дурной запах во рту... А волны! Вы видели волны?

– Нет ещё, – честно сознался Гришка. – Крупных волн я ещё не видел.

– А ветер! Бешеный ветер, и спрятаться негде. Весьма неприятное и постыдное чувство – неуправляемость. Тебя куда-то несёт, а ты не можешь противостоять и бороться... Конечно, справедливости ради, нужно отметить, что тамошние береговые воробьи приноровились. Они умеют предчувствовать ветер и научились скрываться вовремя. А в затишье, когда тепло и безопасно, они купаются в море на мелком месте. Вы бы видели, какими они тогда становятся гордыми и надменными, прямо микробакланы. Но с моей отвагой на море невозможно. Последний раз я утомился, летая, как буревестник, над морем, там, где волны, сел на плавающий предмет, и – что вы думаете? – этот предмет оказался уткой-нырком, которая сунула голову в воду и высматривала добычу. Она её высмотрела и нырнула. Не кривя душой, я скажу – я испугался. Вы бы не испугались, оказавшись в открытом море? К тому же, как вы, наверное, догадались, я не умею плавать.

– Вас спасли пограничники? – спросил Гришка.

Аполлон Мухолов посмотрел на него с укоризной.

– Шутки тут неуместны. Меня спасла моя чайка... И это ужасно. Я потерял престиж. И я решил уйти тихо. – Аполлон Мухолов нахохлился. – Именно в тот трагический момент в моих суждениях появились ирония и сарказм. Надеюсь, вы это заметили?.. Любовь, Григорий, дело ответственное. Нужно быть всегда на высоте и не выглядеть мокрой курицей. Ах, какое это сложное дело – любовь!

Чуждый стук копыт

П ридя домой, Гришка спросил прямо:
– Дядя Федя, любовь – сложное дело?
– Смотря как посмотреть. Если любовь, так – любовь. А если нет её, тогда – сложное дело... – Дядя Федя оживился, воскликнул вдруг: – Вот оно! – Полез на печку и, достав оттуда пишущую машинку, сказал: – Мемуары писать – старикашечье дело. А я ещё молодец – займусь поэтическим творчеством. Я в себе силы чувствую прилив.

Дядя Федя принялся шагать по избе, размахивая руками, дёргая головой. Потом набросился на пишущую машинку и зафиксировал:

> «Она была красивая, как сон,
> Как воздух сна,
> Как сна очарование.
> В неё влюбивши был весь первый эскадрон.
> И резкий фокус расставанья.
> И чуждый стук копыт...»

– Это про что? – шёпотом спросил Гришка.
– Про любовь. Разве про что другое пишут стихами?
– А фокус какой был?

Дядя Федя глянул на Гришку и глаза прикрыл, словно Гришкины щёки с ярким румянцем от витаминов ослепили его.

– Фокус в оптическом смысле. Очень резкий был фокус... Её махновцы казнили. Они её связанную затоптали конями...

Когда дядя Федя руку от лица отнял, то увидел Гришка в его глазах сырой блеск.

– Да... – сказал дядя Федя. И голова его опустилась к столу. И ещё опустилась... И...

Видать, шрамы от многочисленных ран, а также ожогов, ушибов и вывихов в некоторых случаях сдерживаться не помогают. Даже наоборот.

Отдайте, пожалуйста

Ночью Гришка спал плохо, ворочался. Всё слышался ему тот чуждый стук копыт. Под утро он крепко уснул и заспался.

Открыл глаза – у окна дядя Федя. Фуражка-капитанка на нём, китель с орденами и морские брюки, но босиком – наверно, ботинки парадные куда-то засунул и не найдёт.

– Письмо от Пашки пришло. Испытания проходят успешно, – сказал дядя Федя торжественным голосом.

Гришка вскочил, глаза ополоснул.

– Кто испытывал? Дядя Вася?

– Васька сбежал после второго прогона. Заскучал. Языком чесать ему запретили, на гармонии играть нельзя. Игра на гармонии аппаратуру разлаживает. Не понимает аппаратура, где настоящие переживания, где от музыки. Устроился Васька в молодёжный клуб «Романтики» гардеробщиком. Там ему болтать будет с кем... – Дядя Федя оглядел Гришку с придирчивым одобрением. – Пашка спрашивает, как твоя становая ось? Зовёт в Москву на нетрясучем транспорте прокатиться.

Гришка перебил дядю Федю повторным нетерпеливым вопросом:

– Так кто же испытывал?

– Пашка сам. И ещё один человек... Наш командир, товарищ Гуляев.

Гришка остановился посередине избы и отчётливо ощутил, что становая ось за эти дни у него покрепчала.

– Ух ты... – прошептал он.

За завтраком, попивая чай с молоком, Гришка воображал нетрясучий транспорт шарообразной формы и себя машинистом. Бурное море вообразил, в котором Аполлон Мухолов тонет, и, чтобы не засмеяться, закашлялся.

– Знаю, – проворчал дядя Федя. – Некоторые внуки воображают, что до всех тонкостей и глубин они своим умом дошли. Возмутительное самомнение! Я спрашиваю: что они понимают в жизни? И отвечаю на этот вопрос категорически: мало чего они понимают. – Дядя Федя запил эту длинную тираду чаем и спросил как бы исподволь: – Ну и как же мы в этом наступившем дне будем жить?

– Нормально, – ответил Гришка. – А то как же?

– Да, – сказал дядя Федя. – У некоторых внуков развивается заносчивый стиль в разговоре.

Правда в дяди-Фединых словах была, Гришка покраснел. Но тут, не постучав, поскольку дверь была нараспашку, вошёл Пестряков Валерий.

Очень хмурый.

Очень угрюмый.

Весьма озабоченный.

Вошёл и сказал:

– Фёдор Иванович, отдайте обратно.

– Или вот некоторые, – проворчал дядя Федя. – Входят в дом без стука и не здороваются. Где уважение?.. Я вот, к примеру, создал передовую бригаду из дачного населения, научил её колхозной работе на сенокосе, так научил, что они теперь без меня управляются, и не горжусь этим. Сейчас я чувствую в себе прилив сил, чтобы заняться изобразительным творчеством, и носа не задираю. Гришка, неси рубанок, я буду подрамник мастерить.

— Фёдор Иванович, — снова сказал Пестряков Валерий, — отдайте обратно, будьте добры.

— Что отдать? Что ты ко мне пристал?

— Удивление моё отдайте.

— Мы с тобой поменялись? Поменялись. Ты сам настаивал? Сам. Я ему удар без промаха подарить хотел, а он настоял — поменяемся.

— Теперь разменяемся.

— Удивляюсь, — сказал дядя Федя. — Это нехорошо, Валерий. Через мой удар без промаха в широком смысле ты знаменитым Пестряковым стал. Своего добился, а теперь обратно? Что ты на это скажешь?

— Гришка и без удара знаменитый, — проворчал Пестряков Валерий. — Что, думаете, я слепой? И жить ему не скучно... А мне хоть плачь... У меня такое мнение, что я сам собой преданный и теперь уже я — это не я. А Гришка, он есть как есть, да ещё с прибавкой.

— Гришка... — проворчал дядя Федя. — Гришка — другое дело... Гришка, неси молоток и пилу-ножовку.

Лоб у Пестрякова Валерия сморщился, коротко стриженные волосы засверкали, как металлические.

— Вот я и говорю, — сказал он. — Шарик со мной без удивления не хочет в лесной поход идти.

Дядя Федя метнулся через комнату к двери, потом к окну метнулся, потом к печке. Потом остановился посередине избы.

— Ну, ты злодей, Пестряков! Трудно старому человеку без удивления, печально. К примеру, лечу я на самолёте. Знаю законы — знаю, отчего самолёт в воздухе держится. С инженерами знаком, даже академику этого дела Пашке старинный товарищ. И всё равно удивляюсь. Как не падаем? Столько железа, столько народа. И хорошо мне от этого удивления. И на всех я смотрю ласково. Может, я ещё об этом музыку сочиню. Или вот транзистор у девушки Тани. Что в нём? Ни шнура нет, ни лампочек, ни солидности. А звучит. Подумаю – жуть. В любом месте природы включи – а там мысль человеческая бьётся. И я везде вместе со всеми. Гришка вот... – Дядя Федя глянул на Гришку, словно впервые его увидел, и поразился: – Сила в нём небольшая, становая ось пока тонкая, образование, прямо скажем, дошкольное. Что в нём? Весьма удивительно. Весьма...

– Отдайте, – твёрдо сказал Пестряков Валерий.

– Ты опять за своё? – Дядя Федя руками взмахнул. – Как я буду заниматься изобразительным творчеством без удивления?

– Вы по памяти, – посоветовал Пестряков Валерий.

– Если по справедливости, – произнёс за окошком Аполлон Мухолов, – то вы, Фёдор Иванович, уже устарели для творчества. Старость не радость. А удивление, о котором вы сейчас говорили, происходит от невежества и бескультурья.

Дядя Федя возмутился. Дядя Федя высунулся в окно.

– Я устарел? Кто это говорит? Ты почему вернулся? Что, Аполлошка, хлебнул горя? Не выдержал трудностей морской жизни?

– Удивление – простейшая эмоция, – пробрюзжал воробей.

– Вот и отдай его Пестрякову. Командую. Раз на раз. Два на два. Аполлошка без удивления – ура!.. Это я устарел? Я вам ещё покажу! Гришка, я помчался к художнику Мартиросяну за консультацией. – Дядя Федя выскочил на крыльцо и уже на крыльце сказал: – Глупый ты, воробей, исключительно глупый. Удивление – радость разума.

Аполлон Мухолов повертел головой, позёвывая. А Пестряков Валерий порозовел вдруг. Глаза его расширились, в них засветилось нечто такое, чем должен владеть всякий поступающий в первый класс.

– Ну и дела! – Голос Пестрякова Валерия был похож на глубокий вздох после долгого недышания.

Гришка смотрел на Пестрякова и любовался.

Воробей Аполлон Мухолов заметил с сарказмом:

– Пестряков, у вас теперь глупый вид.

– Не задевай! – Это сказал щенок Шарик. Он лежал у порога и уже мечтал, как они с Пестряковым Валерием поедут в Сомали охотиться на большого льва. А может быть, отыщут его где-нибудь в здешней местности.

«Может быть, мы не будем его кусать, – думал Шарик. – Может, мы с ним подружимся. Конечно, лев – из кошачьих зверей, но всё-таки он не кошка...»

Пестряков Валерий сел на лавку рядом с Гришкой. Ткнул его в бок локтём, плечом толкнул и воскликнул:

– Ну дела!.. Лизка сейчас перед корреспонденткой из Новгорода выкаблучивается. Три банта на голову нацепила и врёт... Ну дела!

Именно эти ненатуральные существа

Дядя Федя сколотил подрамник, натянул холст, загрунтовал его, спросив рецепт у художника-живописца Мартиросяна, и написал картину в ярких красках. Картина называлась «День моей жизни». На ней были бурые, как пахота из-под снега, пятна с пронзительными синими прожилками, сиреневые зигзаги, красные змеи, голубые проталины и зелёные взрывы, не просто зелёные, но кислые, как уксусная кислота. По всем этим краскам, искорёженно-сжатым, как сплетённые пальцы воюющих рук, в самых тугих узлах были явственно нарисованы мелкие человечки то ли с красными волосами, то ли в алых шапочках.

– Опыта у меня мало, – сказал дядя Федя. – Не полный день на картину поместился, только раннее утро. Может, дальнейшее поверху нарисовать, пунктиром?

Гришка спросил:

– Что ранним утром случилось?

Дядя Федя повернул к нему перепачканное краской лицо.

– На рассвете мы взорвали эшелон с горючим. Цистерны в болото вползли. Болото горело, шипело и трещало, как масло на сковороде, если ещё воду на сковороду брызнуть. Кочки по воздуху порскали, объятые пламенем. Нам уходить

было некуда, только через болото... После этого мы отступили к Окуловке, раненых унесли.

Гришка сказал:

– Ясно.

Аполлон Мухолов и тут проявил иронию:

– Вам, Фёдор Иванович, лучше всего безразмерную картину создать, вроде киноленты. Но не в этом вопрос. Что это за человечки нарисованы в красных шапочках?

– Партизаны же! – крикнул Гришка. – В дыму и в огне!

Дядя Федя отвернулся от Гришки и от картины, в окно уставился. Загрустил, что ли?

– Тут нарисовано всё, что перед глазами. Я впереди шёл. Дым, стало быть, кочки те, вода, огонь... Дышать нечем – гарь.

– И всё-таки что они значат?

– Гномы! – догадался Гришка.

– А где это вы видели гномов? – спросил Аполлон Мухолов. – Если мы даже перейдём на рассмотрение темы в мифологическом плане – и то.

– Что «и то»? – грустно спросил дядя Федя.

Аполлон Мухолов приосанился.

– Вам, как начинающему художнику, следовало бы знать, что гномы, тролли и эльфы водятся лишь в заграничной

мифологии. В русской жизни и в былинах таких существ не замечено.

Дядя Федя посмотрел на воробья терпеливым, тоскующим взглядом.

– А кто же, по-твоему, вокруг нас бегает в красных шапочках?

Аполлон Мухолов от неожиданности икнул.

– Как, – спросил он, – бегают?

– Просто бегают, – ответил дядя Федя. – И шмыгают. А также шныряют. В красных шапочках.

– Ну, знаете! – Аполлон Мухолов перья распушил. – С вашим воображением! Впрочем, наверное, к старости всё вокруг начинает шнырять и шмыгать.

– А я всегда заявлял, что ты, Аполлошка, начётчик и формалист, – сказал дядя Федя. – Если ты в живописи не понимаешь, зови художника Мартиросяна.

Аполлон Мухолов вздорно чивикнул и полетел в деревню.

Гришке очень нравилась дяди-Федина картина, поэтому он с тревогой ожидал прихода художника. Но Аполлон Мухолов пришёл не с художником, а с милиционером товарищем Дудыкиным и его замечательной розыскной собакой по кличке Акбар.

– Ты кого привёл? – спросил дядя Федя.

– Кого надо, – заносчиво ответил Аполлон Мухолов. – Художник Мартиросян сам синих лошадей рисует. Вы с ним заодно. А этого не бывает!

– Паршивый ты воробей, – сказал дядя Федя. Уселся к окну, сделал скучное лицо и скомандовал: – Дудыкин, Яшка, давай. Критикуй картину.

Милиционер товарищ Дудыкин долго на картину смотрел, щурился, бровью дёргал. Воробей Аполлон Мухолов скакал по верху подрамника, суетился и всё сказать что-то хотел.

– Справедливости ради я промолчу, – наконец сказал он, словно уже одержал победу.

– А что? – Милиционер товарищ Дудыкин взял табуретку, сел на неё крепко. – Дядя Федя, нам нравится. Нам думается – это неплохо.

– Ты за себя говори, – проворчал дядя Федя, смягчаясь.

– Факт чувствовал, – сказал Акбар.

– Про меня картина... Ранним утром я один на один с браконьером по кличке Глухарь. У него двустволка. Я без оружия. Поздней осенью дело. Холод и сырость. Не предполагал я, что у меня воспаление лёгких, думал, так себе – кашель. Взяли мы его, чёрта. Силён был, силён. Ему бы железо на стадионе бросать, побивать мировые рекорды, а он – душегубец. Не только взрослых лосей – лосят не жалел. Вот он, – милиционер товарищ Дудыкин погладил Акбарову голову, – он из кустов в самый критический миг выскочил. Он меня искать пошёл самостоятельно, потому что без меня скучал и мою болезнь чувствовал.

– При чём тут это? – чивикнул Аполлон Мухолов.

– Оно и есть, – ответил ему милиционер товарищ Дудыкин. – Потом меня в райбольницу отправили – температура у меня оказалась критическая.

– Согласен. Но зачем тогда эти мелкие человечки? Нет их! Не только в натуре, даже в русских народных сказках они отсутствуют!

– Разве! – Милиционер товарищ Дудыкин посмотрел сначала на своего верного пса Акбара, который ухмылялся едва заметно, потом обвёл глазами дяди-Федино жильё. – А кто же тогда бегает вокруг нас в красных шапочках? – спросил он.

– Никого нет! Никого! – закричал Аполлон Мухолов. – И не может быть! – И сам себя клюнул в палец, не справившись с нервами. Клюнул и снова в деревню понёсся.

– Наверное, за живописцем, – сказал Гришка.

Но Аполлон Мухолов привёл в дяди-Федин дом председателя колхоза Подковырина Николая Евдокимовича, известного на весь район трезвыми, продуманными суждениями. Николай Евдокимович долго смотрел на дяди-Федину картину. Потом головой потряс.

– Память у тебя, старик, беспощадная. Один жеребёнок сгорел. Остальных лошадей мы успели вывести. Ведь успели же!.. Зачем укоряешь? – И замолчал.

Он так долго молчал, что Аполлон Мухолов не выдержал, спросил:

– Кто вокруг в красных шапочках бегает?

– Как кто? – Председатель поднял на Аполлона усталые от забот глаза. – Мормыши бегают... Иногда их называют шнырями.

Аполлон Мухолов упал с подрамника, хорошо, на спину Акбару, который всё так же едва приметно ухмылялся.

Гришка принялся таращиться по углам, но ничего, кроме предметов обихода, не разглядел.

«Аполлон их не видит, и я не вижу, – подумал Гришка. – Аполлон – понятно: он теперь зловредным стал, ироничным. А я почему не вижу? Наверно, зрение у меня ещё слабое».

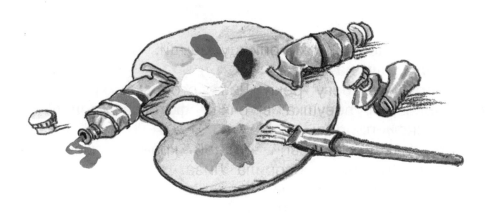

Чего же тут иносказательного?

Когда дядя Федя и Гришка остались в избе одни, дядя Федя сел на табуретку напротив своей картины и принялся скрести бороду пятернёй.

— Тяжёлое, оказывается, дело — изобретательное искусство. Мозги у меня прямо кипят от творческих размышлений. Я столько красок извёл, а яркости не добился... Но ничего, перейдём речку вброд.

— Вы в каком смысле говорите, в прямом или в иносказательном? — спросил Гришка.

— Чего же тут иносказательного? Всякое дело — жизнь. Иначе дело не дело и время тратить на него не нужно. А жизнь — река бурная. Некоторые физкультурники, конечно, вплавь метят. Но вплавь течением сносит. Нацелился в одно место, а выплыл где? То-то и оно... Некоторые хитроумные на лодочке норовят, да ещё так, чтобы за них другие гребли. А вброд хоть и медленнее, зато всё чувствуешь: и камни подводные, и ямы, и мели. И в полную силу ощущаешь течение струй.

— А как повалит? — спросил Гришка.

— Что ж, иногда и повалит. Дак ты вставай прытче и снова вперёд. Красок мне, чувствую я, не хватит для новой картины, придётся в Новгород ехать. Ты гулять пойдёшь, к художнику-живописцу зайди. Пусть алой краски даст в долг для начала.

На высоком берегу реки Лиза стояла в красивой позе. Очень серьёзная девушка в очках фотографировала её на фоне заречной природы.

– Здесь, глядя на свой родной край, я мечтаю стать круглой отличницей, – говорила Лиза.

– А ты перейди речку вброд, – посоветовал ей Гришка.

Лиза ему ничего не ответила, но так выпятила губу, чтобы всем наблюдателям стало ясно, что она даже глядеть на него не желает.

Девушка в очках была корреспонденткой из Новгорода.

– Восхитительно, – сказала она и навела фотоаппарат на Гришку.

Но Лиза загородила объектив своей головой с тремя бантами.

– Он нетипичный. К тому же нездешний. Здешние все хорошие... кроме Валерки.

Как вылитый

Художников дом был пустой и светлый, стены и печка расписаны темперой. Каждая комната имела свой мотив, как песенка. В комнате, где на диване лежал художник и размышлял, на стенах по белому фону нарисован золотой лес с золотыми плодами.

— Когда я совсем маленьким был, пожалуй, ещё поменьше тебя, — объяснил Гришке художник, — и когда меня в этой комнатушке спать укладывали, я всегда видел сны, которые казались мне золотыми. И теперь, когда мне хочется поразмышлять или вообразить нечто красивое, я всегда в этой комнате располагаюсь. Садись, я твой портрет рисовать начну.

Захар Петросович Мартиросян повёл Гришку в другую комнату с большим окном, посадил на табуретку и принялся рисовать его прямо кистью на полотне. Гришка сидел, смотрел на картины. На одной была изображена ледяная погода, пронизанная изломанными солнечными лучами, такая яркая, как снежный блеск. На других картинах были нарисованы другие мотивы. Все яркие, но все с грустью. Или идёт лошадь по трамвайным рельсам. Или попугай на морозе в клетке сидит, а люди, обнявшись, идут куда-то в тепло. Тревожно Гришке от таких картин.

Напротив Гришки портрет пожилого человека с таким спокойным лицом, словно этот человек дедушка, а у него на коленях внук и у внука нет никаких болезней и никаких печалей, только здоровье и радостная жизнь.

– Кто это? – спросил Гришка тихо.

– Партизанский командир, товарищ Гуляев.

– Неужели он такой?! – воскликнул Гришка с разочарованием.

– А каким же ему быть – он прошёл огонь, воду и медные трубы.

Гришка молчал, поняв поговорку как обычную похвалу. Глядел на портрет с неловкостью, словно его обманули. И портрет на него глядел и как будто посмеивался.

– Огонь, вода и медные трубы – три самых тяжёлых испытания для человека, – продолжал говорить живописец Захар Петросович. – Особенно трудно, когда они следуют именно в таком порядке: огонь, вода и медные трубы.

– Почему? – прошептал Гришка, чувствуя холодок по спине.

– Потому что огонь – когда твою родину настигла беда. Когда ты должен пережить всё людское горе, показать весь свой героизм и всю свою веру... Вода – когда забвение. Был человек нужен, был необходим. Люди по нему равнялись, свои жизни ему вверяли, и вдруг всё ушло. Никто к нему больше не обращается – жизнь мимо него устремилась. Словно машинист слез с паровоза, которым долгое время руководил; паровоз тот мчался вдаль, рельсы позади него травой заросли. Трудное испытание, оно может человека озлобить, превратить его в помеху для жизни других людей.

– А медные трубы? – спросил Гришка. – Как их пройдёшь?

– Весьма и весьма, – ответил Захар Петросович. – Особенно в том порядке, когда медные трубы гремят после

вод. Медные трубы – громкая слава. Не многие её преодолеть могут.

Гришка снова на портрет глянул. Там был нарисован именно такой человек, который преодолел все трудности, не сойдя со своей основной стези, готовый принять итог своей жизни бесстрашно, даже с некоторым спокойным любопытством.

– Как вылитый, – сказал Гришка.

Художник кивнул.

– Я с ним лично знаком и горжусь. Портрет я с натуры писал. Просят его в Новгород для музея, а мне с ним расставаться жаль. Это форменный эгоизм, но мне портрет этот пока для души заменить нечем. Может быть, твой портрет повешу на стену, тогда портрет товарища Гуляева передам наконец в музей.

– Тогда побыстрее рисуйте, – сказал Гришка и сделал такое лицо, будто он тоже прошёл огонь, воду и медные трубы.

Кисть у художника словно сама остановилась. И художник словно споткнулся.

– Стоп, – сказал он. – На сегодня хватит.

Бестактный ты человек

— О товарище Гуляеве рассказать вкратце? – воскликнул дядя Федя. – Бестактный ты человек, Гришка! Жизнь товарища Гуляева – это целая жизнь. О ней роман в трёх томах написать возможно, кинофильм в тридцати сериях! А ты говоришь – вкратце! – Дядя Федя от возмущения забрался на лавку с ногами. Расчесал бороду. Волосы на голове подёргал, причинив себе боль. Таким образом дядя Федя сдерживал нервы, чтобы не распалиться. – Ух, Гришка! Таких людей наизусть нужно знать. Ленивый ты, мало читаешь... Когда товарищ Гуляев этот колхоз после войны из ничего поднял, начальство на автомобилях к нему приезжало здороваться. А сам товарищ Гуляев на лошади...

Гришка спросил обиженно:

— Почему же на лошади?

— На лошади председателю сподручнее. Лошадь и через овраг перейдёт, и через лесок, через грязи и снеги... Ещё он лошадей любил и ценил людей, которые лошадей уважают... Один молодой конюх, форменный щенок, уснул с папиросой в конюшне. Конюшня огнём занялась, а сушь. Конюшня как факел горит. Товарищ Гуляев сам коней из горящей конюшни спасал. И щенок тот, молодой конюх, тоже. Оба сильно обгорели. Рядом лежали в боль-

146

нице. Товарищ Гуляев того молодого щенка от суда спас и сказал ему:

«Колька, после больницы в сельскохозяйственный техникум ступай. Ты хорошим сельским хозяином будешь. А что проспал один раз, то на будущее недосыпать тебе никогда. Забота тебе спать не даст». Ты, Гришка, когда встретишь нашего председателя, Подковырина Николая Евдокимовича, приглядись. Он всегда с красными глазами. Они у него от того пожара красные и от недосыпания. Колхоз он ведёт строго. Говорят, каменные дома с паровым отоплением строить нацелился. По проекту известного архитектора В. С. Маслова.

— А товарищ Гуляев? Он, что ли, помер?

— Как помер? Товарищ Гуляев помер?! Ну бестактный ты, Гришка, ну беспардонный! Он же с Пашкой нетрясучий транспорт испытывал! — Дядя Федя задышал шумно, выпустил с этими вздохами все слова, вредные для педагогических целей, и продолжил: — Когда Подковырин выучился и себя проявил, товарищ Гуляев собрал свой мешок солдатский и ушёл поутру. Одни говорят, что ушёл он искать Весеннюю землю. А зачем ему — она у него давно найдена. Она в нашей местности. Сильной красоты земля... Я-то знаю, и Пашка знает — пошёл товарищ Гуляев сначала на Кавказ, к нашему однополчанину Нодару Чхатарашвили, сердце у Нодара больное. Потом товарищ Гуляев в Рязань пошёл, потом в Латвию, потом в Моздок и Сарыкамыш, потом посетил острова Гулевские Кошки и город Прокопьевск. Всех своих бойцов обойдёт и придёт назад. Здесь его место — его последний край...

Вчера, сегодня и завтра

Когда Гришка снова явился к художнику-живописцу Мартиросяну позировать, спросил с порога, вежливо поздоровавшись:

— Вы знаете, где Весенняя земля?

— Знаю, — ответил художник.

— Почему же вы другим не говорите, как туда попасть?

— По той дороге, по которой я шёл, уже никто туда попасть не сможет. Туда каждый свою дорогу ищет.

— Найти бы, — сказал Гришка и размечтался.

Художник сказал:

— Вот так. Хорошо. Теперь ты сам на себя похож. В самый раз писать красками. — Он посмотрел на Гришку пристально, набрал на широкую кисть голубой краски, кинул её в то место, где были намечены Гришкины глаза. — Глаза, — сказал художник Мартиросян. — Вот это очи.

Однажды радостная девушка-физкультурница, вернувшаяся в Ленинград с победой, подняла Гришку на вытянутых руках и спросила:

— Зачем тебе столько глаз?

— Всего два, — сказал Гришка.

Девушка вздохнула мечтательно:

— Мне бы такие! Они выходят за рамки.

148

Глаза у Гришки были большие. На лице они помещались, конечно, ещё оставалось место для носа и для веснушек, но удивление перед жизнью светилось в них так ярко, что Гришкины глаза действительно выходили за рамки, как иногда под влиянием атмосферы становятся громадными голубыми лунами простые уличные фонари.

– Вчера, сегодня и завтра, – пробормотал художник.

А Гришка спросил:

– В чём дело?

– В том, что искусство – это вчера, сегодня и завтра. – Художник Мартиросян вытер кисть заляпанной красками тряпкой. – Кажется, всё, – сказал он. – Вернее, всё на сегодня.

Гришка подошёл к портрету и вздрогнул. Смотрел на него с полотна вчерашний Гришка, худенький, и сегодняшний, исцарапанный. Чувствовалась в сегодняшнем крепнущая становая ось. И завтрашний, задумчивый, непонятный для Гришки. Художник пошёл кисти мыть на улицу, чтобы не налить скипидара на пол. А Гришка всё смотрел на портрет.

На заднем плане земля вздымалась горбом, словно в самом начале взрыва. И по этой земле бежали лошади, совсем синие. Синий цвет, чистый и прямодушный, незамутнённо разгорался в Гришкиных потемневших глазах.

– Слышь, – сказал Гришка портрету, – давай поменяемся ненадолго. Ты сюда, а я там побуду.

– Залезай, – сказал Гришка с портрета.

Зачем же тогда спрашивают...

Синие кони умчались.

Бугор опал, превратившись в ровную светлую землю.

– Почему так? – спросил настоящий Гришка.

– Потому, – ответил Гришка, вылезший из портрета. – Кроме вчера, сегодня и завтра существует ещё послезавтра. Но это не все разглядеть могут сквозь туман своих личных желаний.

«И этот говорит непонятно, – подумал Гришка. – И вообще он мало на меня похож. Меланхолик какой-то».

Пошёл Гришка в деревню. А она другая – послезавтрашняя. Каменная, с чистыми скверами, плиточными тротуарами. Вместо деревянной столовой – просторное кафе с летней верандой. На стеклянном клубе афиша красным по белому: «Гастроли знаменитого певца баритона Пестрякова Валерия». А у афиши взрослая Лиза стоит в медицинском халате. Шепчет грустно:

– Валерка-то Пестряков... Вот обрадуется, меня увидит... Может быть, и Гришка придёт. Все соберёмся...

В берёзах молодые воробьи галдят. Только и слышится:

– Иммануил Кант... Шопенгауэр... Заратустра...

– Григорий! Рад вас увидеть! Познакомьтесь – моя семья. Умные, чертенята. – Мухолов Аполлон спустился на нижнюю ветку. Был он уже плешивым и толстобрюхим. – А вы, Григорий, не изменились. Странный феномен...

– Это я ещё маленький, – объяснил Гришка. – А вот кем я буду, когда вырасту? Вы не знаете, случаем? – задал Гришка такой вопрос и вывалился на пол.

Над ним стоял художник-живописец Мартиросян.

– Некоторые думают, что им всё позволено, – говорил он сердитым голосом, похожим на дяди-Федин. – Досадно... – Художник смочил губку скипидаром, принялся смывать Гришкин портрет. Падали синие капли на скобленый пол.

Гришка на улицу выскочил, чтобы не видеть. Подумал сердито: «Что я такого сделал? Ну, хотел узнать, кем я буду в будущем. Все хотят это знать. Зачем же тогда спрашивают у ребят: кем ты будешь, когда вырастешь?» Хотел Гришка обидеться на художника изо всей силы – до слёз. Но вдруг услышал в животе бряканье. Спохватился – гайка! Почти совсем отвинтилась. Взял Гришка себя в руки, затянул гайку как только смог крепко. Просунул голову к художнику в мастерскую и сказал строго:

– Зря вы портрет смыли. Нужно было ещё поработать. Может, и получилось бы.

Художник вздохнул, он на диване лежал.

– Не смывается твой портрет, только злее становится.

Как же лошади?

Возле правления колхоза стояла девочка Лиза с блокнотом и авторучкой. Прохожие с ней здоровались – в сегодняшней газете опубликовали Лизину фотокарточку с тремя бантами на голове и с подписью: «Будущая отличница. Фотоэтюд».

– Я на журналистку учусь, – заявила Лиза. – Раскопаю такие вещи...

Гришка возразил:

– Перо не лопата.

Но поскольку он уже знал, что девочка Лиза в конце концов двинется по медицинской линии, то внимательно прочитал первую Лизину статью, написанную в блокноте:

«Сегодня я посетила лучшую молочную ферму. Выглядела я очень красиво, когда беседовала с лучшей дояркой колхоза тётей Анютой. Тётя Анюта угостила меня вкусным парным молоком от лучшей коровы Зорьки. Я была очень довольна. Но моё хорошее настроение испортил враг моей жизни Пестряков Валерий...»

– А что он сделал? – спросил Гришка.

Девочка Лиза кивнула на доску приказов и объявлений. Там висел Лизин портрет с тремя бантами, вырезанный из газеты. Под ним намусоленным чернильным карандашом

было написано: «Позор хвастунам и эгоистам! Берегись, Лизка! В школе я с тобой за одну парту сяду, буду тебя перевоспитывать в лучшую сторону. Удивительно: хоть ты, Лизка, и красивая, но дура». И подпись: «Пестряков Справедливый».

— Ещё посмотрим, кто с кем за одну парту сядет, — сказала Лиза, забирая у Гришки блокнот. — Я про него ещё не так напишу. Я про него в центральную прессу сигнал подам. Собаку мою сманил, колхозную доску приказов и объявлений испортил и в лесной поход пошёл с этим Шариком, изменником. Даже поводок у меня отобрал дяди-Федин. — Лизины глаза затянулись слезой, она добавила густо в нос: — И ты, Гришка, такой же! — Записала что-то в блокнот и пошла к своему дому, чтобы в палисаднике, среди цветов, презирать Пестрякова Валерия.

— Сколько у Лизы пустых хлопот, — сказал Гришка.

Он посмотрел на деревянные избы, на улицы, замусоренные сеном и курицами, и представилась в Гришкином воображении деревня Коржи с просторными окнами, в которых широко отразилось небо.

— А как же лошади? — подумал Гришка вслух. — Им по асфальту неудобно ходить.

Кто-то дохнул ему в ухо теплом. Гришка обернулся. Над ним возвышался конь по имени Трактор.

— Если бы только асфальт! — Конь подошёл к новенькому мотоциклу, поставленному возле крыльца, и сказал: — Нелепость.

В каком смысле?

Новенький мотоцикл принадлежал колхозному зоотехнику. Зоотехник недавно объезжал на нём все выпасы, да так аккуратно, что даже колёс не заляпал.

– Хороший мотоцикл, – сказал Гришка. – Скажите, пожалуйста, почему у вас имя Трактор?

– А хулиганят люди, – ответил конь. – Моего отца звали Орлик. Он с товарищем Гуляевым работал. Для теперешних мы реликты! Как бы памятники самим себе.

– В каком смысле? – спросил Гришка.

– В прямом. – Конь вдруг напрягся, поднял голову и закричал. В этом крике расслышал Гришка топот конного эскадрона, горячий накат атаки, звон сабель и тяжесть плуга. – Ну а теперь что? – сказал конь и нажал копытом сигнал на мотоцикле. – Разве это голос? Разве с таким голосом можно прожить достойно?

Из колхозной конторы выскочил зоотехник. Крикнул:

– Эй, вы, не хулиганьте!

– Мне вас жалко, приятель, – ответил ему конь Трактор и, оборотясь к Гришке, пояснил: – Именно этот молодой человек назвал меня так неумно.

– Трактор, за твою подрывную деятельность я распоряжусь не давать тебе сегодня овса. Посидишь на пустом сене.

Конь Трактор пожевал чёрными губами.

– Что касается справедливости, вам она неизвестна. – Отвернувшись от зоотехника, он предложил Гришке застенчиво: – Хотите, я вас прокачу? Вы куда направляетесь?

– Я от художника иду, от Захара Петросовича.

– Художник мой друг. Он меня часто пишет. Красоту понимает... Вы не находите, что я красивый конь? – спросил Трактор, смущаясь.

– Очень нахожу, – ответил Гришка. – А как я на вас заберусь?

– Вы, если я не ошибаюсь, умеете немного летать?

Зоотехник на крыльце засмеялся.

– Ух, Трактор, с тобой не соскучишься. Ладно, получишь овёс. Я на тебя не сержусь. – А Гришке зоотехник сказал: – Залезай на забор, с забора – ему на спину. У него спина как платформа, можно по-турецки сидеть.

Гришка залез на коня с забора. Летать в виду зоотехника ему почему-то не захотелось, и вообще ему теперь не хотелось летать. Конь Трактор шёл плавно. Возле старой кузницы остановился, понюхал крапиву.

– Здесь мормыши живут, – сказал он и пошёл дальше. – Иногда, когда мне удаётся подремать лёжа, мормыши подходят и расчёсывают мне гриву. Очень славные существа.

– А вы не могли бы меня познакомить с ними? – спросил Гришка.

– К сожалению, невозможно. Мормыши не признают светских манер. Они могут сами предстать, а могут и не предстать. Очень самобытные существа. И очень деликатные.

– Враки! – крикнул воробей Аполлон Мухолов пролётом.

Конь Трактор мчал по мягкой, нагревшейся за день дороге. Пробежал малиновый лес, черничное болото. Выскочил на выпас.

Коровы стояли сгрудившись. Громко ревели, трубили и стонали. Козёл Розенкранц под кустом лежал и не обращал на их вопли никакого внимания.

– Изгородь сломана, – сказал конь тревожно. – Наверное, коровы в клевер ходили. Оттого и ревут и стонут – объелись. Они помереть могут. Что вы, Григорий, такое дело...

Ещё побегают и — спокойно

— Эй, Розенкранц! — крикнул Гришка. — Что ж вы лежите?

— Не мешайте, — ответил козёл. — На них пираты напали.

— На кого? — спросил Гришка, слезая с коня. — На коров?

— При чём тут коровы? На путешественников! — Козёл нервно дрыгнул ногами, он книжку читал.

— Розенкранц, где пастух Спиридон Кузьмич? — спросил конь Трактор. — Почему вы один?

— На свадьбе. В деревне Городище. Его внучка туда замуж ушла.

— Вставайте! — крикнул конь. — Коров гонять нужно.

— Сейчас, главу дочитаю...

Козёл вытянул шею по земле, дотянулся до куста незабудок и принялся их жевать, закатив глаза, — козлам перевоспитываться нелегко, это им даётся не сразу. Бывают у них такие рецидивы.

Коровы ревели. В их глазах Гришка видел боль и страдание.

— Глупые вы, глупые, — говорил Гришка шёпотом. — Чего же вы клевер ели без меры, знаете, что нельзя.

– А вкусно, – сказал конь Трактор. – Коровы как дети: пока не заболеют, будут вкусное кушать... Их обязательно и немедленно нужно гонять. Тогда организм справится... Смотрите, они уже ложатся! Ни в коем случае нельзя им давать ложиться. Розенкранц, коровы погибнут!

– А ему наплевать. Козёл – он козёл и есть, – сказал воробей Аполлон Мухолов пролётом. – Козлы лишены чувства ответственности.

При этих словах козёл Розенкранц подпрыгнул.

– Ах ты пернатая промокашка! Ах ты кошачья закуска! – Не достав воробья рогами, козёл бросился на коров.

С другой стороны на них скакал конь. Коровы поднялись с трудом. Они страдали... И побежали они, как бы перескакивая через свою боль, словно она была разбросана по земле.

– Живее! – кричал Розенкранц. – Кому говорят! Полундра! Свистать всех наверх! На абордаж!

Но одна корова лежала, не могла встать.

– Григорий, поднимайте её всеми средствами! – пробегая, скомандовал конь Трактор.

Гришка корову уговаривал. Гришка корову за хвост тянул. Корова лежала. И закатывались коровьи глаза.

– Её только палкой, – сказал Аполлон Мухолов пролётом. – Иначе никак.

Гришка взял палку. Палка непривычно тянула руку. Он замахнулся на корову и почувствовал себя скверно.

– Корова, – сказал он, – пожалуйста, беги... Беги, ну, корова. – Ударить Гришка не мог. За что ударять? Заметил Гришка в коровьих глазах такую отрешённую тоску, что чуть-чуть – и перейдёт эта тоска в забытьё. – Вставай! – крикнул Гришка. – Вставай, тебе говорят! Вставай! – крикнул Гришка, ударив корову палкой. Мысль у него в голове мелькнула: «Как же хирурги, они ведь тоже боль причиняют, спасая?..» Гришка зажмурился, огрел корову изо всей силы.

И ещё...

И опять...

Корова смотрела на него почти с ненавистью.

Гришка опять зажмурился, чтобы не видеть, и ещё ударил корову изо всей силы. Она поднялась тяжело. Выпрямила ноги, как бы Гришке назло, с большим усилием. Ноги её дрожали.

Она постояла и пошла. Гришка гладил её, пинал и плакал. Колотил палкой и орал не своим голосом. Потихоньку, усилие за усилием, шаг за шагом, побежала корова. Гришка вперёд заскочил. Сквозь сизый слепой туман и упрямство проглядывала в коровьих глазах забота.

Гришка обрадовался.

– Ишь ты, Бурёнка... Давай, коровушка, двигай!

Конь и козёл ловко гоняли стадо по кругу.

Внезапно нахлынула на Гришку радость, может быть, даже счастье. Но было оно такое, от которого не взлетишь, от которого люди садятся в уединении и устало молчат.

– Григорий, – сказал конь, – слетайте мигом за этим молодым человеком, зоотехником. Для чего он, спрашивается, науку прошёл на колхозные деньги?

Гришка подпрыгнул и побежал.

Кочки мелькали, кусты хватали за волосы. Пыль набивалась в глаза.

– Куда вы несётесь, Григорий? – услышал он возле уха. Скосил глаза – воробей летит рядом, Аполлон Мухолов. Крыльями машет так, что они слились в серый шар. – Григорий, на такой скорости разговаривать невозможно! – прокричал воробей. – Вы знаете, я, кажется, снова влюбился...

Гришка хотел ответить: «Потом. Сейчас некогда». Но Аполлон Мухолов отстал с криком: «Это, Григорий, счастье...»

Гришка ворвался в контору. Крикнул прямо с порога:

– Товарищ зоотехник! Коровы!

Зоотехник выскочил на крыльцо.

– Что коровы?

– Объелись клевером!

– Что смотрел Спиридон Кузьмич? Я ему!

– Вы же его отпустили на свадьбу.

Зоотехник прямо с крыльца прыгнул на мотоцикл. Завёл его в треть секунды и ринулся. Гришка на заднем сиденье прилип.

Ещё издали услышали они рёв и страдание стада.

– Умрут! – Зоотехник схватил себя за волосы.

Мотоцикл вильнул, чуть не врезался в пень от такого опрометчивого движения.

«А на коне сидя и волосы себе можно рвать», – отметил про себя Гришка.

Коровы бегали по кругу гораздо резвее. Бока их вздымались и опадали. Козёл Розенкранц иногда выскакивал вперёд, резко осаживал стадо для энергичной встряски и поворачивал его в обратную сторону, чтобы коровы не закружились.

— Давай! — закричал зоотехник. — Молодцы! Гоняй их, блудливых!

Зоотехник помчался на мотоцикле поворачивать корову, которая отбилась от круга и залезла в кусты. Корова вильнула вбок, зоотехник за ней. Влетел со своим мотоциклом в канаву и замер. Гришка пошёл его вынимать.

Зоотехник лежал в тине и бормотал с ужасом:

— Что будет? Что будет?

Подошёл конь Трактор.

— Уже ничего не будет. Опасность уже миновала. Ещё побегают и — спокойно.

— Я знаю, — всхлипнул в канаве зоотехник. — Тебе, Трактор, мой мотоцикл не нравится. Ненавидишь ты мой мотоцикл...

— Нет, почему же, — ответил конь. — Машина хорошая, с девушками кататься...

Вечером возле правления колхоза председатель Подковырин Николай Евдокимович повесил на доску приказов:

«ВЫГОВОР: зоотехнику товарищу Мельникову и подпаску товарищу Розенкранцу.

БЛАГОДАРНОСТЬ: коню товарищу Трактору и дошкольнику товарищу Гришке».

И странно, козёл Розенкранц ходил у доски с гордым видом и со всеми здоровался.

— Ты что нос задрал? — спросил у него Пестряков Валерий, вернувшийся из лесного похода.

— Приятно, — ответил ему козёл Розенкранц. — Даже в выговоре меня теперь не козлом называют, а товарищем... Вот как.

Значит, приехали

– Хочу, чтобы вы прокатились в седле, – сказал конь Трактор. – Теперь я буду работать с самим товарищем Подковыриным.

Гришка залез в седло, ноги его до стремян не доставали, но осознание, что он в седле, делало Гришку как будто выше.

Конь бежал ровно, стараясь, чтобы Гришка не шибко набил себе место, на котором сидит. Седло – вещь удобная, но взрослая, юлить на нём не нужно.

Они по дороге проскочили, лугом прошли и по краю болота. Два бугорка одолели, лесом проехались.

Конь Трактор стал на лужайке или на широкой цветочной дороге, которая уходила вдаль и вдали терялась в тенях и бликах.

– Рекомендую посмотреть вокруг себя внимательно, – сказал конь Трактор.

А Гришка уже смотрел. Почувствовал он какой-то непонятный укол в сердце. Такой укол бывает, когда в чужом заграничном городе, устав от одиночества, нежданно услышишь родную речь.

Гришка подумал вслух:

– Почему так? В этом месте я ничего необычного не вижу, а почему-то тревожно мне... Неужели ромашки?

– По-моему, незабудки, – возразил конь.

– Нет, ромашки. Смотрите, чем дальше по этой просеке или дороге, тем они всё выше, всё больше становятся. А там, вдали, – смотрите, смотрите! – ромашки как георгины.

– Может быть, – кивнул конь. – По-моему, незабудки, но каждый видит своё... Мои незабудки влево ведут, а ваши ромашки?

– Прямо! – крикнул Гришка.

– Значит, приехали. – Конь Трактор голову поднял, чтобы, вцепившись в его гриву, Гришке было легче слезать. – Не беспокойтесь, обратно дорога простая. – На прощание конь Трактор крикнул таким криком, словно табун лошадей, и пошёл рысью.

– И не страшно вам? – спросил Аполлон Мухолов пролётом.

– Нет, – сказал Гришка.

Аполлон Мухолов сел на ветку и всё подпрыгивал, словно ветка была горячая.

– Ну, ну... Я до сих мест долетаю, а дальше боюсь... Сейчас я влюблён окончательно и не могу рисковать своим счастьем, пускаясь вдаль.

– Вы говорили, что счастье в полёте.

– Я и сейчас говорю... – Аполлон Мухолов поклевал возле пальцев, посуетился на ветке, взъерошив перья, поднял на Гришку глаза. – Григорий, я выяснил окончательно, мой полёт – вокруг моего гнезда... Вдаль я уже один раз летал. – Воробей Аполлон Мухолов чирикнул, как всхлипнул, снялся с ветки и полетел к деревне. И всё быстрее, быстрее...

Остался Гришка один. Ромашки головы поворачивают – рыжие глаза в странных белых ресницах. Шепчут ромашки:

– Спокойнее, Гришка... Мы вокруг... Мы с тобой...

У ручья прозрачного, что выбивался из-под вывороченной бурей сосны, увидел Гришка маленького человечка с красными, как морковь, волосами. Человечек и до колена Гришке не достигал, но был уже стар. Сидел он на камне, руки его отдыхали на сухих коленях, как у всех стариков, которые много на земле наработали.

– Здравствуйте, – сказал Гришка.

– Здравствуй, – сказал человечек. – Извини, у меня как раз перекур кончился. – И, поклонившись Гришке, ушёл в лесные тени и блики.

Гришка помахал ему вслед. Направился дальше по просеке, удивляясь цветам ромашкам, которые с каждым шагом становились всё больше и больше.

Не опасайся, ступай

Вдруг земля расступилась, образовав котловину. Над котловиной, как ручка у лукошка, полного ягод, стояла радуга. Словно выкрошились из неё осколки и упали, покрыв котловину бисером. Это была роса. Она не иссыхала здесь в жаркий полдень, сверкала на каждом цветке, на каждой малой былинке. Гришка боялся ступить дальше, чтобы не смять, не попортить сверкание. Он стоял, распахнув глаза во всю ширь, и разноцветение, хлынувшее в них прохладным потоком, сгустило голубой цвет Гришкиных глаз в пристальный синий.

— Слышишь, Гришка, — раздался тоненький звонкий голос. — Не опасайся, ступай.

От этого голоса Гришке полегчало. Пружина, свившаяся у него под грудью и остановившая его дыхание, распустилась. Гришка вздохнул. Голова у него закружилась от плотного певучего аромата, который в Гришкином воображении окрасился в нежно-сиреневое.

— Дыши легче, — сказал тоненький звонкий голос. — Меня карась Трифон послал. Сказал: «Шлёпай, Проныра, Гришка в Весеннюю землю идёт. Она его ослепить может, обескуражить».

Гришка глаза опустил, разглядел у своих ног весёлого лягушонка.

– И не бойся, – сказал лягушонок. – Ступай вперёд. – И, засунув два пальца в широкий рот, свистнул пронзительно.

Гришка шёл по котловине, и возникало в его душе ощущение цвета и звука, света и тени, сливаясь в простое слово – Родная Земля. И как бы заново нарождались в Гришкиной голове слова, такие как «радость», «щедрость», «великодушие». А такие слова, как «слава», «триумф», «непреклонность», перед которыми Гришка раньше робел, как бы растушёвывались, теряли чёткие очертания.

Гришке стало легко и покойно. Остановился Гришка.

– Хватит для первого раза, – сказал ему лягушонок. – Ты уже больше часа стоишь. Застыть можешь. Зачарует тебя красота... Кстати, тебе немедленно домой торопиться нужно.

– Сейчас... – Гришка ещё раз окинул взглядом Весеннюю землю, которая как бы раздвинулась от его взгляда, и пошёл.

Хотел полететь было, но груз красоты и смятения оказался для него пока что невзлётным.

Сейчас же умойся...

Деревня стояла недалеко. За мостом.

В избе дядя Федя рубашку гладил. Шлёпал наслюненным пальцем по утюгу, дул на ошпаренное и брюзжал:

— Пестряков, не маши веником — подметай. Из углов захватывай.

Девочка Лиза посуду мыла.

Козёл Розенкранц и щенок Шарик с букетами толкались на автобусной остановке.

Гришке дядя Федя скомандовал:

— Сейчас же умойся, причешись, чистую майку надень и все ссадины йодом смажь.

Гришка спросил с ходу:

— Товарищ Гуляев приезжает?

— Мама твоя приезжает, — ответила ему девочка Лиза. — Ух, бестолковый...

И Гришка взлетел. Свободно и просто. Легко и стремительно. Всё выше и выше. И беспредельно. Уже понимал Гришка, что лишь разговоры о счастье всегда одинаковые, само же счастье бывает разным, что летать от счастья не обязательно, в некоторых случаях даже вредно, можно просто присесть в уединении и долго глядеть на свои усталые руки, можно даже заплакать.

Чтобы не теребить это слово попусту, Гришка спрятал его в самые чистые кладовые сознания. Пусть там находится до особого случая.

«И всё-таки ссадины нужно йодом смазать, – решил он. – Умыться нужно, уши почистить, причесаться и новую майку надеть».

Оглавление

Литературно-художественное издание

Для младшего школьного возраста

Серия «ВЕСЁЛАЯ КОМПАНИЯ»

ПОГОДИН Радий Петрович

КНИЖКА ПРО ГРИШКУ

Повесть

Ответственный редактор *А. А. Савельева*
Художественный редактор *Ю. В. Разумеева*
Технический редактор *М. В. Гагарина*
Корректор *Е. В. Туманова*
Компьютерная вёрстка *Е. В. Куделина*

Подписано в печать 25.09.2012.
Формат 84×100 $^1/_{16}$. Бумага офсетная.
Гарнитура «Pragmatica». Печать офсетная. Усл. печ. л. 17,16.
Тираж 7000 экз. D-VC-9588-01-R. Заказ № 4095.

ООО «Издательская Группа «Азбука-Аттикус» —
обладатель товарного знака Machaon
119334, Москва, 5-й Донской проезд, д. 15, стр. 4
Тел. (495) 933-76-00, факс (495) 933-76-19
E-mail: sales@atticus-group.ru; info@azbooka-m.ru

Филиал ООО «Издательская Группа «Азбука-Аттикус» в г. Санкт-Петербурге
196105, Санкт-Петербург, ул. Решетникова, д. 15
Тел. (812) 324-61-49, 388-94-38, 327-04-56, 321-66-58, факс (812) 321-66-60
E-mail: trade@azbooka.spb.ru; atticus@azbooka.spb.ru

ЧП «Издательство «Махаон-Украина»
04073, Киев, Московский проспект, д. 6, 2-й этаж
Тел./факс (044) 490-99-01
e-mail: sale@machaon.kiev.ua

ЧП «Издательство «Махаон»
61070, Харьков, ул. Ак. Проскуры, д. 1
Тел. (057) 315-15-64, 315-25-81
e-mail: machaon@machaon.kharkov.ua

www.azbooka.ru; www.atticus-group.ru

Отпечатано в полном соответствии с качеством предоставленных издательством
материалов в ОАО "Тверской ордена Трудового Красного Знамени
полиграфкомбинат детской литературы им. 50-летия СССР"
170040, г. Тверь, пр. 50 лет Октября, 46.